who? Biography No.1
who? Biography No.1
who? Biography No.1
who? Biography No.1

who? Biography No.1
who? Biography No.1
who? Biography No.1
who? Biography No.1

who? Biography No.1
who? Biography No.1
who? Biography No.1

who? Biography No.1
who? Biography No.1
who? Biography No.1
who? Biography No.1

who? Biography No.1

who? Biography No.1
who? Biography No.1
who? Biography No.1
who? Biography No.1

who? Biography No.1
who? Biography No.1
who? Biography No.1
who? Biography No.1

who? Biography No.1
who? Biography No.1
who? Biography No.1
who? Biography No.1

who? Biography No.1
who? Biography No.1
who? Biography No.1
who? Biography No.1

who? 한국사

글 김현수

학습 만화와 독립 단편 영화를 오가며 글을 쓰고, 영화를 만들고 있습니다. 주요 작품으로는 《who? 한국사 윤봉길》, 《who? 스페셜 김연경》, 《who? 스페셜 킬리안 음바페》 등 다수의 who? 시리즈와 부천 국제 판타스틱 영화제에 출품된 〈투명인간과의 인터뷰〉, 〈점프〉 등 독립 단편 영화가 있습니다.

그림 박종호

2000년 동아·LG 국제 만화 페스티벌에서 《여섯 번째 손가락 이야기》로 우수상을 수상한 이후 다양한 연령층과 장르에 도전하며 작품 영역을 넓히고 있습니다. 《바로보는 세계사》, 《80일간의 세계일주》, 《이이화 선생님이 들려주는 만화 한국사》, 《Hello My Job》, 《아빠 어릴 적에》, 《전인구 선생님의 어린이 경제 개념 대백과》 등 책에 그림을 그렸습니다.

추천 최태성

2001년부터 지금까지 EBS 한국사 대표강사로 한국사 명강의를 선사하고 있습니다.

홍범도

초판 1쇄 인쇄 2024년 8월 5일
초판 1쇄 발행 2024년 8월 14일

글 김현수 **그림** 박종호 **감수** (사)여천홍범도장군기념사업회 **표지화** 신춘성
펴낸이 김선식

부사장 김은영
어린이사업부총괄이사 이유남
책임편집 박세미 **디자인** 김은지 **책임마케터** 김희연
어린이콘텐츠사업1팀장 박정민 **어린이콘텐츠사업1팀** 김은지 박세미 강푸른
마케팅본부장 권장규 **마케팅3팀** 최민용 안호성 박상준 송지은 김희연
편집관리팀 조세현 김호주 백설희 **저작권팀** 한승빈 이슬 윤제희 **제휴홍보팀** 류승은 문윤정 이예주
재무관리팀 하미선 윤이경 김재경 임혜정 이슬기
인사총무팀 강미숙 지석배 김혜진 황종원
제작관리팀 이소현 김소영 김진경 최완규 이지우 박예찬
물류관리팀 김형기 김선민 주정훈 김선진 한유현 전태연 양문현 이민운
외부 스태프 정보글 박인애 **본문 조판** 02정보디자인연구소

펴낸곳 다산북스 **출판등록** 2005년 12월 23일 제313-2005-00277호
주소 경기도 파주시 회동길 490 **전화** 02-704-1724 **팩스** 02-703-2219
다산어린이 카페 cafe.naver.com/dasankids **다산어린이 블로그** blog.naver.com/stdasan
종이 스마일몬스터 **인쇄** 민언프린텍 **코팅 및 후가공** 평창피앤지 **제본** 대원바인더리

ISBN 979-11-306-5521-5 14990

품명: 도서 | **제조자명:** 다산북스 | **제조국명:** 대한민국 | **전화번호:** 02)704-1724
주소: 경기도 파주시 회동길 490 (2층) | **사용연령:** 8세 이상
⚠ **주의경고:** 아이들이 책을 입에 대거나 모서리에 다치지 않게 주의하세요.
※KC마크는 이 제품이 공통안전기준에 적합하였음을 의미합니다.

who? 한국사

홍범도

다산
어린이

세상을 희망으로 이끌었던 '사람'을 만나자

"우리 아이에게 역사를 잘 알려 주고 싶은데, 어떤 책을 읽히면 좋을까요?"

전국 곳곳을 강연 다니는 동안, 유·초등 자녀를 둔 부모님들로부터 가장 많이 받은 질문입니다.

저는 그 질문에 대해 한결같이 이렇게 답했습니다.

"세상을 조금 더 희망으로 이끌었던 '사람'이 있는 책을 읽히시면 됩니다."

사실 어린이들은 역사에 별로 큰 관심이 없습니다. 왜냐고요?

어른들이 사는 '오늘'은 어제와 별로 달라 보이지 않는 하루하루지만, 어린이들이 사는 '오늘'은 날마다 신세계이기 때문입니다. 매일매일 새로운 걸 경험하고 사는 것이지요. '오늘'에 대한 호기심이 어른들과 달리 많으니, 지나간 시간인 역사에 관심 가질 여유와 필요가 별로 없는 거죠.

다만, 어린이들은 슈퍼우먼이나 슈퍼맨에게 더 큰 관심이 있습니다. '리스펙트', '영웅', '멘토' 등 닮고 싶은 사람에게 열광합니다. 그 '사람'들이 세상을 조금 더 희망으로 이끄는 사람이라면 정말 좋지 않을까요?

어린이들은 마치 리트머스 종이와 같습니다. 만약 어린이들이 그 사람들을 만난다면 열광하고 따를 뿐만 아니라, 자기들도 저마다 세상을 희망으로 이끌 수 있을 테니까요.

〈who?〉 한국사 시리즈는 바로 세상을 조금 더 희망으로 이끈 '사람'들의 이야기를 담고 있습니다. 제가 예전부터 눈여겨보던 책이었고, 제가 강연하며 만나는 부모님들께 추천했던 책인데, 이번에 추천사를 쓰게 되어 참 좋네요.

어린이들은 역사의 연대기적 흐름보다는 '사람'의 삶을 살펴보며 퍼즐 맞추듯 시대를 따라갈 때 역사에 더 많은 집중을 하게 됩니다. 심지어 〈who?〉 한국사에서 만나게 되는 사람들이 모두 시대를 희망으로 이끄는 슈퍼우먼이나 슈퍼맨이니 얼마나 좋습니까!

〈who?〉 한국사 시리즈를 통해 역사의 '슈퍼스타'들을 만나다 보면 어느 순간 그들이 활약했던 그 시대에 서서히 관심을 갖게 될 것이고, 자연스럽게 그 시대의 구조를 배울 수 있을 것입니다. 그렇게 역사의 지평을 넓히게 되는 것이지요. 역사를 배울 때는 이런 단계적 접근법을 권해 드리고 싶어요.

역사는 사람들이 걸어 온 발자국을 모아 만든 길입니다. 그 길을 따라 걷다 보면 자연스럽게 내가 지금 걷고 있는 길과 만나게 되지요. 그리고 그 길 위에 나의 발자국 하나 또 남기게 됩니다.

〈who?〉 한국사 시리즈에서 만나는 '사람'들의 발자국이 만든 길. 그 길은 조금 더 나은 사회로 나아가는 길입니다. 그 길을 우리도 함께 걷죠.

 최태성 모두의 별★별 한국사 연구소장

최태성 선생님은 성균관대학교 사학과를 졸업하고 대광고등학교 등에서 20년간 교직에 몸담았습니다. 2001년부터 지금까지 EBS 한국사 대표 강사로서 '학생들에게 웃으며 듣다가 감동의 눈물을 흘리는' 한국사 명강의를 선사하고 있습니다. 현재는 무료 온라인 강의 사이트 '모두의 별★별 한국사'와, 유튜브 인강 전문 채널 최태성 1TV, 교양 전문 채널 최태성 2TV를 운영하고 있습니다.

또 KBS 1TV 〈역사저널 그날〉, MBC 〈백년만의 귀향, 집으로〉 등 각종 매체에 출연하였으며 KBS 라디오 FM 대행진 〈별별 히스토리〉 코너를 진행하고 있습니다. 또한 다양한 강연을 통해서도 한국사 대중화에 앞장서고 있습니다. '역사의 대중화'라는 꿈을 실현하기 위한 큰★별쌤의 새로운 도전은 지금, 이 순간에도 계속되고 있습니다. 주요 저서로는 《역사의 쓸모》, 《역사 멘토 최태성의 한국사》, 《최태성 한국사 수업》, 〈구해줘 카카오프렌즈 한국사〉, 〈최태성의 한국사 수호대〉, 〈큰별쌤 최태성의 초등 별별 한국사〉 등이 있습니다.

 큰별쌤 최태성의 who? 한국사 강의를 만날 수 있습니다!

세계적인 리더로 성장하기 위한 밑거름

〈who?〉 시리즈는 어린이들은 물론 어른들에게도 재미와 감동을 주는 교양 만화입니다. 대한민국은 물론 전 세계에 영향력을 끼친 인물들로 구성되었으며, 인물들의 삶과 사상을 객관적으로 전해 줍니다. 이처럼 다양한 분야에서 활약한 인물들의 이야기를 통해 과학, 예술, 정치, 사상에 관한 정보는 물론이고, 시대별 문화와 역사까지 배우게 될 것입니다.

〈who?〉 시리즈의 가장 큰 장점은 인물들이 그들의 삶에서 겪은 기쁨과 슬픔, 좌절과 시련, 감동을 어린이들이 함께 느낄 수 있다는 것입니다. 어린이 독자들이 인물들을 통해 자신만의 멘토를 만나 세계적인 리더로 성장하기를 진심으로 응원합니다.

존 던컨 미국 UCLA 아시아언어문화학부 교수
한국학 분야의 세계적인 석학으로, 미국 UCLA 한국학연구소 소장 및 동 대학의 아시아언어문화학부 교수를 겸직하고 있습니다. 하버드대학교 교환 교수와 고려대학교 해외 교육 프로그램 연구센터장을 역임했으며, 주요 저서로는 《조선 왕조의 기원》, 《조선 왕조의 시민 행정의 제도적 기초》 등이 있습니다.

세상을 더 나은 곳으로 만든 사람들의 이야기

어린이들은 자라면서 수많은 궁금증을 가지게 됩니다. 그중에서도 "저 사람은 누굴까?"라는 질문은 종종 아이들의 머릿속을 온통 지배해 버리기도 합니다. 〈who?〉 시리즈는 그런 궁금증을 해결해 주기 위해 다양한 분야의 인물들을 소개하고 있습니다.

〈who?〉 시리즈에 등장하는 인물들은 인종과 성별을 넘어 세상을 더 나은 곳으로 만든 사람들입니다. 어린이들은 이 책에서 디지털 아이콘으로 불리는 스티브 잡스는 물론 니콜라 테슬라와 같은 천재 발명가를 만날 수 있습니다.

책 속 주인공들의 어린 시절 이야기를 통해 기쁨과 슬픔, 도전과 성취감을 맛보고, 그들과 함께 성장하면서 인류에 도움이 되는 사람이 되겠다는 포부와 자신감을 갖게 될 것입니다.

에드워드 슐츠 하와이주립대학교 언어학부 교수
하와이주립대학교 언어학부 교수이자, 동 대학교 한국학센터 한국학 편집장을 역임한 세계적인 석학입니다. 평화봉사단 활동으로 한국에서 영어 교사로 근무했으며, 현재 한국과 미국, 일본을 오가며 활발하게 활동하고 있습니다. 저서로는 《중세 한국의 학자와 군사령관》, 《김부식과 삼국사기》 등이 있고, 한국 중세사와 정치에 대한 다수의 기고문을 출간하였습니다.

미래 설계의 힘을 얻는 길이 여기에

어린 시절 만난 한 권의 책이 인생에 미치는 영향이 얼마나 큰지는 꿈을 이룬 사람들을 통해서 알 수 있습니다. 빌 게이츠는 오늘날 자신을 만든 것은 동네의 작은 도서관이었다고 말하고, 오프라 윈프리는 어린 시절 유일한 친구는 책이었음을 고백하며 독서의 중요성에 대해 이야기합니다.

꿈을 이룬 사람들의 공통점은 또 있습니다. 그들에게는 어린 시절, 나만의 특별한 위인이 있었습니다. 버락 오바마, 빌 게이츠, 조앤 롤링, 스티브 잡스 등 세상을 바꾼 사람들의 감동적인 이야기를 담은 〈who?〉 시리즈는 어린이들이 희망찬 미래를 그리고 구체적인 목표를 설정할 수 있도록 도와줄 친구이면서 안내자입니다.

송인섭 한국영재교육학회 회장
자기 주도 학습 분야의 최고 권위자로, 숙명여자대학교 명예 교수이자 한국영재교육학회 회장입니다. 한국교육심리연구회 회장, 한국교육평가학회장, 한국영재연구원 원장을 역임했습니다. 자기 주도 학습과 영재 교육의 이론을 실제 교육 현장에 적용하기 위해 노력하고 있습니다.

평생을 이끌어 줄 최고의 멘토를 만나다

국제회의 통역사로 30년 동안 활동하면서 세계적인 리더들을 만났던 저는 대한민국의 초등학생들에게 특별한 조언을 해 주고 싶습니다. 그것은 큰 꿈을 가지라는 것입니다. 꿈은 힘들고 지칠 때 나를 이끌어 주는 힘이고 내 인생의 주인이 되어 일어설 수 있게 하는 원동력이 되어 줍니다. 저 역시 어린 시절 품었던 꿈 덕분에 괴롭고 힘들어도 포기하지 않고 다시 일어설 수 있었습니다.

어린 시절 저에게도 용기를 불어넣어 주고 힘이 되어 주었던 분들이 있었습니다. 지금의 자리로 저를 이끌어 준 멘토들처럼 〈who?〉 시리즈에서 여러분의 친구이자 형제, 선생님이 되어 줄 멘토를 만날 수 있기를 바랍니다.

최정화 우리나라 최초 국제회의 통역사
우리나라 최초의 국제회의 통역사로 한국외국어대학교 통번역대학원 교수입니다. 세계 무대에서 자신의 꿈을 이룬 여성 신화의 주인공으로, 역시 세계에서 꿈을 펼치려고 하는 소년들에게 멘토의 역할을 충실히 하고 있습니다. 저서로는 《외국어, 내 아이도 잘할 수 있다》, 《외국어를 알면 세계가 좁다》, 《국제회의 통역사 되는 길》 등이 있습니다.

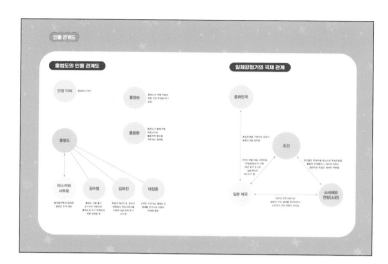

인물 관계도

이야기 속 여러 인물들의 관계를 한눈에 보여 줍니다. 이야기 흐름을 파악하는 데 도움을 줄 거예요.

인물 만화

우리나라 역사 인물들을 만화로 만나면 어렵고 딱딱한 역사도 쉽고 재미있게 즐길 수 있어요.

한국사 흐름 잡기

생생한 사진과 자세한 해설로 한국사 흐름을 알려 주어 다양한 교과 연계 학습이 가능합니다.

한국사 연표

선사 시대부터 현재까지
한국사 전체 연표로 역사
의 전체 흐름을 이해할 수
있어요.

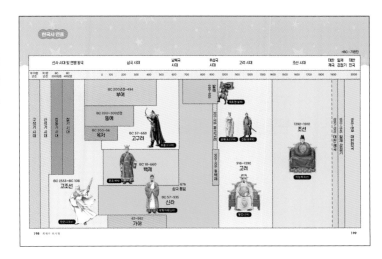

한국사 독해 워크북

하루에 하나씩 지문을 읽고
문제를 풀어 보세요. 하루하
루가 쌓여 문해력이 향상됩
니다.

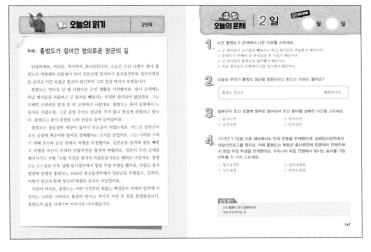

한국사 인물 카드

한 손에 쏙 들어오는 인물 카드
에는 인물의 주요 정보가 있어
요. 늘 가지고 다니며 인물과
더욱 친해질 수 있어요.

독립운동가·군인
홍범도
1868-1943

항일 무장 투쟁으로 독립운동에 앞장선 홍범도는 가난하고 불우한 어린 시절을 겪었지만, 글을 익히고 민족의식을 배우면서 부조리한 세상을 바꿀 방법을 궁리했어요. 일제가 조선을 식민지로 만드는 현실에 맞서 의병을 이끌고 항일 의병 투쟁에 앞장섰지요. 그는 독립 전쟁의 대표격인 봉오동전투와 청산리대첩을 승리로 이끌었습니다.

홍범도의 첫 번째
부인
단양 이씨
1874-1908

강원도의 한 절에서 수행하던 비구니였지만 홍범도를 만난 뒤로 승복을 벗고 홍범도와 혼인했어요. 홍범도가 항일 운동에 전념하고 있는 동안 두 아들을 혼자 키워 냈어요. 일제가 홍범도를 잡기 위해 인질로 잡아 가두고 혹독하게 고문하는데도 굴하지 않았어요.

독립운동가·
홍범도의 첫째 아들
홍양순
1892-1908

홍범도의 첫째 아들로, 어머니 단양 이씨가 잡혀가고 자기도 일본의 협박을 받자 홍범도를 회유하려고 했어요. 홍범도의 꾸중을 듣고 뉘우친 뒤로 독립운동에 투신했지요. 아버지를 따라 의병 활동을 하며 용감하게 싸우다 열일곱 살에 함경남도 정평 전투에서 목숨을 잃었어요.

독립운동가·
홍범도의 둘째 아들
홍용환
1897-미상

홍범도의 둘째 아들이에요. 홍용환도 아버지를 따라 독립군의 길을 걸었어요. 1919년에는 중국 길림성에서 200명의 독립군을 지휘하며 무장 투쟁을 했으며, 1920년 봉오동전투에서 독립군의 승리에 일조했어요.

1910년 · 경술국치
1919년 · 대한독립군 총사령관 취임
1920년 · 봉오동전투·청산리대첩
1937년 · 카자흐스탄 강제 이주
1943년 · 홍범도 사망

독립운동가·군인
김좌진
1889~1930

김좌진은 북로군정서를 이끌며 홍범도와 함께 청산리대첩을 승리로 이끈 장군이에요. 대한제국 육군무관학교를 다녔으며, 십대 후반에 학교를 설립하여 민족 교육 사업에 앞장섰어요. 대한제국이 멸망한 뒤 만주로 건너가, 1920년 북로군정서를 이끌며 청산리대첩에서 크게 활약했어요.

연극인·극작가
태장춘
1911-1960

태장춘은 고려 연극 1세대 배우이자 극작가예요. 소련에 있던 한국인들이 강제 이주된 카자흐스탄에서 연극 활동을 했지요. 홍범도의 일생에 관한 이야기를 듣고 감동하여 연극 〈의병들〉이라는 희곡을 쓰고, 연극 무대에 올렸어요.

홍범도가 활동한 시대는?

홍범도의 어린 시절이었던 19세기 말, 조선은 서구 열강과 일본의 침략을 겪었어요. 조선은 국방력을 강화하기 위해 지방에서 새롭게 군대를 만들어 병사를 모집했지요. 하지만 급격하게 변화하는 동아시아 정세로 조선은 더욱더 혼란스러워졌고 전국 곳곳에서 민란이 끊임없이 이어졌어요. 1895년에는 일본군과 일본 낭인이 경복궁을 침입하여 명성황후를 시해하였고, 1905년 일본 정치인 이토 히로부미가 대한제국 황제인 고종을 협박해서 강제로 을사조약을 체결했어요. 일제의 침략에 맞서 독립운동가들은 민족의식을 고양하고 근대적 교육을 보급하는 애국계몽운동을 하는 한편, 일본군과 직접 항쟁을 벌이는 항일 의병 운동을 했지요. 1910년 경술국치 이후로 일제의 탄압이 점점 포악해졌지만, 우리 독립군은 의병 운동의 근거지를 만주와 연해주로 옮겨 치열한 무장 투쟁을 계속해 나갔어요.

홍범도의 인물 관계도

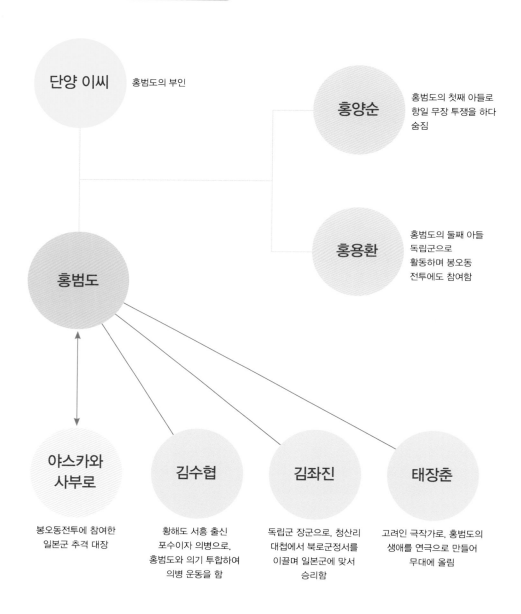

단양 이씨 — 홍범도의 부인

홍양순 — 홍범도의 첫째 아들로 항일 무장 투쟁을 하다 숨짐

홍용환 — 홍범도의 둘째 아들 독립군으로 활동하며 봉오동 전투에도 참여함

홍범도

야스카와 사부로 — 봉오동전투에 참여한 일본군 추격 대장

김수협 — 황해도 서흥 출신 포수이자 의병으로, 홍범도와 의기 투합하여 의병 운동을 함

김좌진 — 독립군 장군으로, 청산리 대첩에서 북로군정서를 이끌며 일본군에 맞서 승리함

태장춘 — 고려인 극작가로, 홍범도의 생애를 연극으로 만들어 무대에 올림

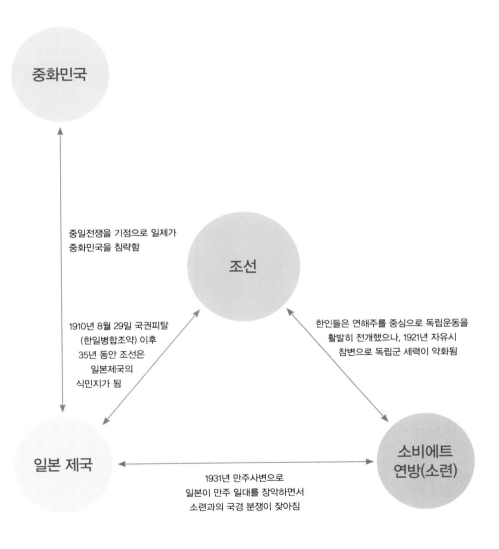

중화민국

조선

일본 제국

소비에트
연방(소련)

중일전쟁을 기점으로 일제가
중화민국을 침략함

1910년 8월 29일 국권피탈
(한일병합조약) 이후
35년 동안 조선은
일본제국의
식민지가 됨

한인들은 연해주를 중심으로 독립운동을
활발히 전개했으나, 1921년 자유시
참변으로 독립군 세력이 약화됨

1931년 만주사변으로
일본이 만주 일대를 장악하면서
소련과의 국경 분쟁이 잦아짐

2021년 8월 15일 광복절 아침,
카자흐스탄의 크즐오르다 공항 *주기장에
경건한 분위기가 흐르고 있었습니다.

그곳에서 특별한 의식이 진행되고 있었기 때문입니다.

바로 봉오동과 청산리 전투를 승리로 이끈
대한민국의 독립 영웅 홍범도 장군의
유해 봉환식이었습니다.

* **주기장** 승객이 비행기에 타거나, 화물·수하물을 싣기 위해 대기하는 지역

그렇게 홍범도 장군의 유해를 실은 대한민국의 특별 수송기는
크즐오르다 공항을 떠나 대한민국으로 향했습니다.

1943년 카자흐스탄 크즐오르다에서 생을 마감한 홍범도
장군의 유해가 78년 만에 고국의 품으로 귀환했습니다.

특별 수송기가 대한민국 영공으로 들어서자, 기다리고 있던 공군 전투기 여섯 대가 그를 맞이했습니다.

지금부터 하늘을 나는 장군이라 불린 독립운동가 홍범도 장군의 생애가 펼쳐집니다.

1 고난은 나를
단단하게 한다

1868년 10월 12일(음력 8월 27일) 평안도 평양

드디어 아이가 나온 모양이네.

응애- 응애-

그 녀석 기차 화통을
삶아 먹었나? 울음소리
한번 우렁차네.

부인, 보시오.
아들이오.

건강하고
씩씩한가요?

건강하오.

그럼 됐어요.
그걸로 충분해요.

이 아이가 바로 훗날 독립운동의
전설적인 영웅이 될 홍범도입니다.

부인!
왜 그러시오?

피… 피곤하네요.

고생했소.
아이는 내가 돌볼 테니
좀 쉬시오.

아이를
잘 부탁해요.

그렇게 홍범도의 어머니는 출산으로 쇠약해진 몸을 추스르지
못하고 끝내 이레 만에 세상을 떠나고 말았습니다.

부인.
흐흐흑….

홍범도의 아버지는 태어나자마자 어머니를 잃은 홍범도를
안고 이웃에게 젖동냥을 다니거나 죽을 먹여 키웠습니다.

또한 가난한 살림에도 열심히 일하며
홀로 홍범도를 키웠습니다.

그러나 홍범도가 아홉 살 때 아버지마저 고된
머슴살이 때문에 병들어 세상을 떠나고 말았습니다.

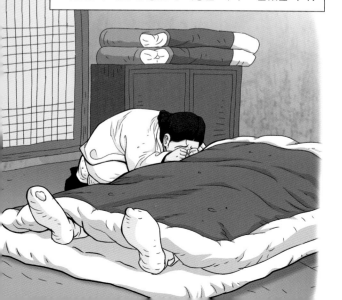

어린 나이에 혼자가 된 홍범도는 어쩔 수 없이
숙부의 집에서 살아가게 되었습니다.

숙부 역시 가진 것 없이 가난했기에 마을 지주의
농지에서 소작하며 생계를 이어 가고 있었습니다.

어린 나이에도 숙부의 형편을 이해하고 있던 홍범도는 힘들다는 불평 한마디 없이
열심히 일손을 돕는 한편, 남의 집 머슴살이를 하며 가계에 보탬이 되려고 했습니다.

후우

따아악!!

앗!

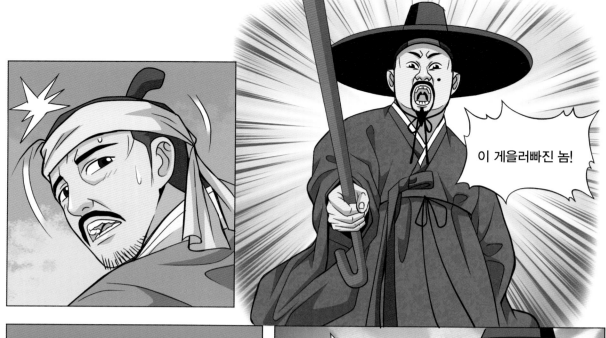

이 게을러빠진 놈!

네?

이놈아! 거기서 그럴 게
아니라 돌을 들고 올라와서
내려놔야 될 게 아니냐!

여기서도 놓을 수
있는데요?

버르장머리 없는 놈이
어른이 말씀하시는데
어디서 말대꾸를….

알아듣다 뿐입니까. 두 번 다시 그런 일 없을 겁니다.

하여튼 천한 것들 아니랄까 봐. 태생이 글러 먹은 놈들이라니까.

살펴 가십시오.

지주 어른, 안녕하십니까?

안녕하십니까?

일 안 하고 뭣들 하는 거야? 일해! 일 나중에 소작료가 모자란다느니 우는 소리 하지 말고.

괜찮니?

제가 뭘 잘못했어요?

네가 잘못한 게 아니다.

그럼 왜 저와 숙부님이 혼나야 해요?

세상이 원래 그런 걸 어쩌겠냐. 가진 것 없고 힘없는 상놈으로 태어난 우리가 잘못이지.

지주한테 밉보였다간 그나마 입에 풀칠도 못하니 참고 살아야지.

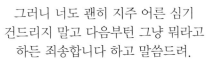

그러니 너도 괜히 지주 어른 심기 건드리지 말고 다음부턴 그냥 뭐라고 하든 죄송합니다 하고 말씀드려.

홍범도는 어린 나이에도 가진 게 없다는 이유로 천대하고 억압하는 세상이 부당하다고 생각했습니다.

하지만 홍범도는 자기 때문에 숙부님이 피해를 보는
일은 없어야 한다는 생각에 묵묵히 일했습니다.

그렇지만 지주를 비롯해 가진 사람들의
천대와 억압은 끊이지 않았습니다.

나이가 들며 천대와 차별이 있는 세상이 부당하다는 생각이
굳어져 갈수록 자기 처지를 비관하는 마음도 커져 갔습니다.

홍범도가 만 15세가 되던 해인 1883년, 평양 감영에선
새로운 군대를 조직하기 위해 군인을 모집하고 있었습니다.

군인 모집

-평양감영-

군인 모집?

머슴살이를 하면서
지주에게 천대를 받으니
군인이 낫지 않을까?

그래!
나라의 군인이 된다면
최소한 신분 때문에
차별받지는 않을 거야!

홍범도의 어린 시절 조선과 주변국의 상황

홍범도가 어린 시절, 조선의 상황은 바람 앞의 등불처럼 위태로웠습니다. 강화도에서 일본과 맺은 불평등 조약 이후 다른 나라들과도 불리한 조약을 맺으며 나라의 문을 열 수밖에 없었어요. 홍범도가 자라던 시기에 강국의 틈새에서 조선은 어떤 길을 걸었을까요?

운요호사건

홍범도가 일곱 살이던 1875년(고종 12년), 일본 군함 운요호가 국제법을 어기고 조선 영해를 침범했어요. 운요호 함장 이노우에가 조선의 허락 없이 강화도 해안을 측량하고 탐색, 탐문하기 위해 접근한 거예요. 군함 운요호는 국기를 게양하지 않고 조선 바다에 접근하여 동정을 살피다가, 이들을 적군으로 인식한 조선군에게 포대 사격을 받았습니다. 운요호도 대포를 쏘아 공격하며 교전이 시작되었어요. 그렇게 강화군에서 조선군과 사흘 동안 전쟁을 벌였지요. 군 병력 배치가 없던 제2포대에 상륙하여 불을 질렀으며 이튿날 영종진을 습격하여 조선 사람을 서른다섯 명이나 죽였습니다. 그러고는 그다음 날 일본으로 돌아갔지요.

이듬해인 1876년 2월에 일본 정부는 일본 선단을 이끌고 와 조선에 개항하라고 요구했습니다. 그 당시 일본처럼 함포 사격으로 위력을 과시하고 상대국에게 심리적 압박을 해 협상을 유리하게 이끄는 것을 두고 함포 외교라고 해요. 운요호 사건은 조선 통상 수교를 체결하기 위해 일본이 펼친 계략이었어요.

임오군란

홍범도가 열네 살이던 1882년(고종 19년) 조선의 군영 제도가 몹시 어지러웠습니다. 그 당시 고종이 개화 정책을 펼치면서 기존에 있던 군대 말고 신식 군대인 별기군을 따로 운영하고 있었어요. 그런데 신식 군 관료들이 자기의 권력과 부를 축적하기 위해 구식 군인들을 잘라내거나 군량을 가로채는 일이 많았고, 구식 군인들은 온갖 차별을 받았어요. 심지어 군료

1881년에 설치된 신식 군대 별기군 ⓒwikipedia

(군인들에게 주는 급료)까지 밀리는 지경에 이르렀어요.

결국 그해 6월 9일, 훈련도감에서 구식 군인들의 밀린 열세 달치 군료마저 절반밖에 안 되는 양에 겨와 모래가 섞인 썩은 쌀로 지급하자 이에 반발하여 군인들이 난을 일으켰어요. 이를 '임오군란'이라고 해요. 임오군란은 정치와 경제, 사회적인 모순 속에서 정권이 추진한 무분별한 개화 정책에 반발하고자 한 군인들의 저항이었습니다.

청일전쟁

홍범도가 열여섯 살이 되었을 무렵, 일본과 청(중국)이 조선을 지배하기 위한 목적으로 전쟁을 벌였어요. 청은 임오군란이 일어나고 동학농민군이 봉기했을 때 자국 군대를 파병하여 진압하는 식으로 조선에 적극 개입하고 있었어요. 이러한 청의 개입을 못마땅하게 여기던 일본이 조선의 내정 개혁을 명분으로 1894년 7월 23일 경복궁을 공격하면서 청일전쟁이 시작되었어요. 일본은 우리나라 황해와 평양 등에서 청과 전투를 벌여 크게 승리했습니다. 결국 1895년 중국 본토를 점령하고 시모노세키 조약을 맺으며 전쟁을 끝냈지요. 이 전쟁으로, 청은 조선에 대한 전통적 종주권을 내려놓았고 일본은 조선을 지배하는 발판을 마련하게 되었습니다.

을미사변

홍범도가 열일곱 살이던 1895년(고종 32년) 10월 8일 새벽 일본군 수비대와 일본 경찰, 기자, 낭인배들이 일본 공사 미우라의 지시 아래 조선 궁궐에 잠입했습니다. 그들은 중전 민씨를 살해하고 숲속에서 시신을 불태워 버렸어요. 이를 을미사변이라고 해요. 을미사변으로 인해 백성들의 반일 의식과 정부에 대한 반감이 극에 달하게 되었고 항일 의병이 일어나는 큰 계기가 되었어요.

1895년 을미사변에 중전 민씨가 있었던 경복궁 안 건청궁
©wikipedia

2 홀로서기

무슨 소식?

너 군대에 가고 싶은 거 맞아? 어떻게 그렇게 관심이 없어?

군대가 왜? 뜸들이지 말고 빨리 말해 봐.

평양 감영에 *코코수가 필요한데, 아무도 하겠다는 사람이 없어서 지원자를 받고 있대.

소용없어.
군대에 지원하려면
열일곱 살이 돼야 해.

네 나이가 몇인데?

* **코코수** 나팔수의 방언

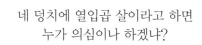

좋아. 그럼 넌 지금부터 평양 감영의 나팔수다.

17세라고 나이를 속인 홍범도는 평양 감영의 우영 제1대 소속의 나팔수로 근무하게 되었습니다.

고맙습니다!

나팔수도 엄연한 군인이었기에, 홍범도는 다른 사병과 함께 *제식과 사격을 비롯한 군사 훈련을 받아야 했습니다.

뿌우우우우!

* 제식 대열을 짓는 훈련을 할 때 쓰도록 규정된 격식과 방식

원하던 군인이 된 홍범도는 훈련에 열심히 참여하여 사격에서 두드러진 실력을 보였습니다.

삐이익

땅!

팍 팍 팍

명사수로군.

감사합니다.

너 가서 짐 챙겨라.

네? 짐은 왜 챙깁니까? 제가 무슨 실수라도 했습니까?

서울로 병력을 파견하기로 했는데, 너도 같이 가야겠다.

당시 조정에선 혼란스러운 서울의 치안을 안정시키려고 평양 감영에 병력 일부를 보내라는 지시를 하였습니다.

사격 훈련에서 뛰어난 실력을 보인 홍범도는
파견 병력에 차출되어 서울로 향했습니다.

홍범도는 태어나서 처음으로 평양을 벗어나
다른 지역으로 간다는 것도 흥분되었지만,
그곳이 서울이라서 더욱 설레었습니다.

하지만 그 흥분은 오래가지 않았습니다.
치안을 보충하기 위해 서울에 도착한
파병 부대가 해야 하는 일은 민란 진압과
가난한 농민으로부터 세금을 징수하는
것이었기 때문입니다.

게다가 군 생활을 하는 4년 동안 홍범도가 보고 겪은 군대 내부의 부패와
차별, 잦은 구타 등은 머슴으로 살아갈 때보다 결코 덜하지 않았습니다.
특히 가난한 하등 병사에게 가해지는 차별과 구타는 더욱 심했습니다.
그런 경험은 홍범도가 군인이 된 것을 후회하게 만들기에 충분했습니다.

그러던 중 홍범도는 부패한 장교와 갈등을 빚은 끝에
그를 때려눕히고 결국 군대를 나오게 되었습니다.

감영의 장교와 관리라는
자들도 죄다 썩을 대로
썩었으니 내 말을 들어줄
사람은 한 사람도
없을 게 뻔하다.

하늘을 우러러 한 점이라도
부끄러운 게 있다면
달게 벌을 받겠지만,

저런 인간쓰레기
같은 놈을 때려
눕혔다고 벌을
받을 수는 없다!

더 이상 부당한 차별에
굴하며 구차하게 살지
않겠다! 떠나자!

평양을 벗어난 홍범도는 걸음을 재촉했습니다. 스스로에겐 부끄러울 것이 없었지만, 탈영과 하극상의 중죄를 범한 죄인으로 벌 받을 게 불 보듯 뻔했기에 되도록 멀리 도망쳐야 했습니다.

홍범도는 황해도로 갔습니다. 함께 병영 생활을 하던 친구가 황해도 수안군에 있는 제지소에서는 언제든 일자리를 얻을 수 있다고 한 얘기가 떠올랐기 때문입니다.

우아!
힘이 장사네!

역시 덩치가
크니 힘도 좋군.

가진 게 몸뚱이 하난데
다치면 어쩌려고? 천천히
해. 그러다가 몸 상해.

이 정도는
괜찮습니다.

어이.
범도.

그거 다 정리하고 나면 여기 와서 나무껍질 벗기는 걸 돕게.

예! 알겠습니다.

왜 그렇게 신이 났나? 껍질 벗기는 일이 쉬운 게 아닌데.

새로운 일을 배우게 되는 것 아닙니까.

그게 그렇게 신이 날 일이란 말인가?

그럼요.

나무로 새하얀 종이를 만든다는 게 얼마나 신기한 일입니까. 이런 일을 배우는 게 저는 너무 재밌습니다.

그렇게 재밌으면 가 보게. 정리는 내가 할 테니.

고맙습니다.

못 말리는 친구라니까.

절레 절레

칼로 이렇게 껍질만 벗기면 되는 거야. 알겠지?

쭈 욱

나무껍질이 종이로 되어 가는 모든 과정이 신기했던 홍범도는 제지소에서 즐겁고 성실하게 일했습니다.

알겠습니다.

쭈욱 쭈욱

그 결과 몇 달이 지나지 않아 종이 만드는 기술을 익힐 수 있었습니다. 그렇게 3년이 지나갔습니다.

하지만 제지소 역시 군대와 다르지 않았습니다. 몇 달이나 임금을 주지 않고 엉뚱한 일로 괴롭히기 일쑤였어요. 제지소 주인 형제들의 패악질을 참지 못한 홍범도는 다시 길을 떠났습니다.

세상이 지긋지긋해진 홍범도는 조용히 살 곳을 찾아 강원도 산골에 다다랐습니다.

의병 운동의 시작과 전개 과정

의병은 국난이 있을 때 이를 극복하기 위해 자발적으로 일어나서 조직한 군대를 말해요. 우리나라의 의병은 삼국시대부터 있었으며, 특히 조선 이후부터 일제강점기 이전까지 이민족의 침략에 저항하며 활발히 활동했지요. 나라의 위기에 맞서 스스로 일어섰던 의병들은 어떻게 시작되었고 어떤 모습을 갖추어 갔을까요?

항일 의병의 시작

우리나라 항일 의병 운동은 임진왜란(1592년)에서 비롯되었어요. 당시 왕이었던 선조가 궁궐을 버리고 피신하자 백성들이 스스로 나라를 지켜야 했거든요. 만약 의병이 없었다면 조선은 왜군들에게 고스란히 나라를 빼앗기고 말았을 거예요. 그로부터 삼백여 년이 흐른 뒤 일본은 다시 조선을 침략했어요. 1894년 전라도 농민 출신 전봉준은 동학군의 보국안민(나랏일을 돕고 백성을 편안하게 한다는 뜻) 깃발을 세우고는, 탐관오리들을 응징하고 조선을 침탈한 일본군에 맞서 싸웠어요. 황해도 해주에서는 동학 접주였던 백범 김구가 선봉장으로 나섰지요. 그 뒤로 세 차례에 걸친 항일 의병 운동은 일본군의 쏟아지는 총탄에 꺾여 실패했지만, 나라 밖에서 펼치는 독립운동과 3.1운동으로 끈질기게 이어졌어요.

을미의병(1895~1896)

1895년 일본이 조선의 왕비를 살해한 사건(을미사변)이 벌어졌어요. 뒤이어 고종 정부가 단발령을 단행했지요. 그러자 전국의 양반과 유생, 평민, 강제 해산된 구식 군인들이 항일 의병 투쟁을 벌였어요. 제천에서 유인석 의병장이 '나라의 모든 관리는 친일 행위를 중지하고 의병을 지원하여 나라를 구하라'는 내용의 격문을 보냈어요. 이때 홍범도는 강원도에서 김수협을 만나 함께 의병이 되어 일본군과 싸웠어요. 이후 1896년 고종이 아관파천(임금이 궁궐을 떠나 러시아 공사관으로 피신함)하여 친

일본 제국주의에 맞선 의병들 ©wikipedia

러정부를 세웠지요. 고종은 친일 내각 관료들을 역적으로 단죄하고, 단발령을 폐지하고 각종 세금을 면제해 민심을 달랬어요.

을사의병(1905~1907)

1905년 을사늑약이 체결되었어요. 을사늑약은 일본이 우리나라 외교권을 강탈하려고 고종과 조정 대신들을 협박해 한일협약에 강제 승인하도록 위협한 사건이에요. 이 일이 일어난 뒤로 국민의 반일 감정은 극도에 달했어요. 전국 곳곳에서 항일 의병이 일어났어요. 이번에는 더 많은 양반, 유생과 평민들이 힘을 모았지요. 하지만 민병이 주축이어서 강력한 전투력을 가질 수는 없었어요. 다행히 홍범도, 신돌석, 김수민 등 평민 출신 의병장이 참여하여 신출귀몰한 작전으로 일본군 수비대를 습격하며 전공을 세웠어요.

정미의병(1907~1910)

일제는 조선 독립을 위해 파견한 헤이그 특사를 빌미 삼아 고종을 강제 퇴위시켰어요. 1907년 우리나라를 식민지로 만드는 정미7조약을 강제로 체결하여 대한제국 통치권을 장악하고 군대를 해산시켰어요. 서울에서 해산당한 군대 대대장 박승환의 자결 소식이 전해지며 대일 항전이 시작됐어요. 잇따라 지방의 해산 군인들이 무기고를 점령하여 민병과 합세했어요.

조선 26대 임금이자 대한제국의 초대 황제 고종 ⓒwikipedia

이인영 총대장을 주축으로 13도창의군을 결성하고 서울 진공 작전을 감행했으나 일본군의 선제 공격을 받아 패하고 물러났어요. 일본군은 초토화 작전을 한다며 의병 활동 지역에 사는 주민들을 무차별로 죽였지요. 그 결과 전면 항일전은 의미가 사라지고, 정미의병은 점차 만주, 연해주 지역으로 활동 무대를 옮겼어요. 의병들은 이후 독립군으로 계승 발전되었습니다.

3 배움이 실천으로

우아! 아름답다!

이곳이 금강산! 아름답다는 표현으로는 부족할 정도야!

그래, 승려가 되어 심신의 수양을 쌓으며 살아가는 것도 좋겠지.

금강산을 유랑하던 홍범도는 신계사라는 사찰에 가게 되었습니다.

당시 신계사에는 지담 스님이라는 고승이 주지를 맡고 있었습니다.

지담 스님은 신도들로부터 많은 존경을 받고 있었습니다.

어서 오십시오.

스님. 제가 이곳에서 머물며 부처님의 가르침을 배울 수 있겠습니까?

홍범도는 지담 스님의 허락을 받아 신계사에 머물며 승려의 길을 걷게 되었습니다.

부처님의 가르침에 뜻이 있으시다는데 제가 어찌 안 된다고 할 수 있겠습니까.

승려가 된 홍범도는 온갖 궂은 일을 도맡아 하며 신체의 수양을 쌓아
가는 것과 더불어, 불교 경전을 통해 마음을 성실하게 수양했습니다.

아름다운 금강산의 경관과 경건하고 안정된
사찰 생활은 거칠게만 살아온 홍범도에게
모처럼 평온한 안식처가 되었습니다.

1890년경부터 이듬해까지 약 1년 반쯤 신계사에
머무는 동안 홍범도는 지담 스님으로부터 불교의
가르침뿐 아니라 서산대사와 사명대사 등
승려들의 구국 항쟁에 관한 역사도 배웠습니다.

서산대사와 사명대사께선
임진왜란 때 의병을
이끌고 활약하셨다.

속세를 떠나 출가하신
두 분이 전쟁터에 나가도
되는 건가요?

무고한 중생이
총칼에 피 흘리며 쓰러지는
것을 두고 자신의 수양에만
몰두했어야 한단 말이냐?

그런 뜻이 아닙니다.
저라도 그렇게 했을 겁니다.
다만 그래도 되는 건지 몰라
여쭤본 겁니다.

출가한 승려라
할지라도 속세와 완전히
동떨어진 삶을 살아갈
수 있겠느냐.

누군가 고통을 당하고
있다면 그를 돕는 것
또한 불제자의 의무가
아니겠느냐?

스님의 가르침
명심하겠습니다.

홍범도가 신계사에서 생활한 지
1년쯤 지난 어느 날이었습니다.

홍범도는 신계사 인근 사찰에서 수행 중인
단양 이씨라는 여승을 우연히 만났습니다.

서로 호감을 느낀 홍범도와 단양 이씨는 사람들의 눈을 피해 종종 만나게 되었습니다.

만남이 이어질수록 서로에 대한 호감은 사랑으로 변해 갔습니다.

우리 떠납시다.

떠나요?

당신 말처럼 신도들이 알게 되면 우리 두 사람만 비난하는 것으로 끝나지 않을 거요.

두 절과 다른 스님들에게도 비난이 쏟아지겠죠.

우리 두 사람에게 아이가 생긴 건 더없는 축복이지만, 다른 스님들에게 폐를 끼칠 수는 없지 않겠소.

그래요. 우리 함께 떠나요.

1892년. 홍범도와 단양 이씨는 머물던 사찰을 떠나 단양 이씨의 고향인 함경남도 북청으로 가서 혼례를 올리고 농사지으며 조용히 살기로 했습니다.

하지만 두 사람의 계획은 뜻대로 되지 않았습니다. 원산 근처를 지나던 두 사람 앞에 건달패들이 나타나 홍범도를 때려눕히고 단양 이씨를 끌고 갔습니다.

한참 뒤 정신을 차린 홍범도가 사방으로 단양 이씨를 찾아 헤맸지만 끝내 찾을 수 없었습니다.

다시 혼자가 된 홍범도는 강원도 회양군의 먹패장골이라는 깊은 산골에서 농사와 사냥으로 생계를 이어 갔습니다.

홍범도는 단양 이씨가 죽었다고 생각했습니다. 홍범도가 난생처음으로 사랑했던 사람이었기에 말할 수 없이 고통스러웠습니다.

그렇게 세상과의 인연을 끊은 지 3년이 지나고 홍범도는
또 한 번 그의 인생을 뒤바꿀 인물을 만나게 됩니다.

1895년 9월 18일

안녕하시오.

안녕하십니까.

의병에 참여하러
가는 길입니까?

무슨
의병 말이오?

홍범도는 산골 생활을 끝내고 김수협과 함께 의병 운동에 뛰어들었습니다.

의병 운동을 하기로 한 홍범도와 김수협은 일본군의 무기를 빼앗고, 친일 부역자들의 재물을 털어 의병 활동에 필요한 군자금으로 삼았습니다.

무기를 손에 넣은 홍범도와 김수협은 단 둘이서 고갯길에 매복하고 있다가 지나가던 일본군 열 명을 죽이고, 그들의 무기를 손에 넣어 본격적인 의병 전쟁을 준비했습니다.

홍범도와 김수협은 의병장 유인석 부대가 의병을 모집한다는 소식을 듣고 합류했습니다.

유인석이 이끄는 의병 부대는 일본군과 세 차례 전투를 벌였지만, 결과는 좋지 못했습니다.

홍범도는 산포수와 의병 출신 10여 명을 규합해 소규모 의병 부대를 편성하고 의병 투쟁을 이어 갔지만, 소수의 인원으로는 이미 기울어진 전세를 되돌릴 수 없었습니다.

그리고 세 번째 전투에서 홍범도와 함께 의병 활동을 시작한 김수협이 전사했습니다.

결국 2년 동안 의병 투쟁을 벌인 홍범도는 쫓기고 쫓겨 함경남도까지 밀려났습니다.

의병 항쟁이 침체한 동안 홍범도는 동료들과
함께 산포수로 활동하며 훗날을 기다리고
있었습니다.

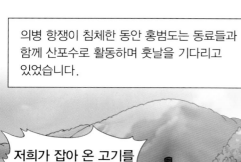

저희가 잡아 온 고기를
나눠 드리겠습니다!

힘들게 잡은 걸 나눠 주다니.
이런 고마울 데가 있나.

마을 곳곳에 사냥한
짐승을 나눠 주는
의인이 있다는 소문이
사실이었네.

여러분이 농사를 지어
나누는 것처럼 저는 사냥을
해 나누는 것뿐입니다.

고맙습니다.

이름을 알려 줄 수 있겠습니까? 이름도 모르고 얻어먹기만 하는 건 예의가 아니지요.

제 이름은 홍범도입니다.

홍범도? 어디서 들어본 것 같은데?

이웃 마을에 남편을 잃고 혼자 아이를 키우는 여자가 있는데, 그 여자 남편 이름이 홍누구라고 얼핏 들은 것 같소.

혹시 그 여자의 성이 단양 이씨입니까?

어이쿠! 맞는 모양이네!

홍범도는 죽었다고 생각했던 단양 이씨가 살아 있다는 게 믿어지지 않았습니다.

5년 전 그날, 단양 이씨를 끌고 가던 건달패들은
단양 이씨가 임신 중이라는 사실을 알고는 그냥
보내 주었습니다.

단양 이씨는 홍범도를 찾아 사방을 헤맸지만 끝내
찾지 못했습니다. 서로 길이 엇갈렸던 것입니다.

홍범도를 찾지 못한 단양 이씨는 어쩔 수 없이 고향으로
돌아와 홀로 아이를 낳아 키우며 살아가고 있었습니다.

우리 아들 양순이에요.
홍양순.

양순아!

온갖 차별과 천대를 받으며 불행한 어린 시절을 보낸 홍범도.

그는 죽은 줄만 알았던 부인과 다시 만난 것은 물론, 사랑스러운 아들과 따뜻한 부모님까지 함께하게 되어 이루 말할 수 없을 만큼 행복했습니다.

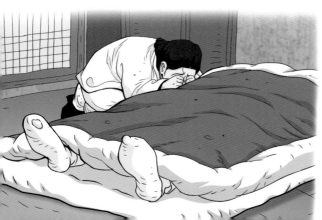

얼마 지나지 않아 둘째 아들 용환까지 태어나 홍범도의 기쁨이 두 배가 되었습니다.

홍범도는 과거에는 느껴 보지 못한 행복한 나날을 보내며 살았습니다.

홍범도와 의병 활동을 함께한 사람들

1895년은 홍범도가 스물일곱 살이 되던 해였어요. 그 무렵 강원도 깊은 산골에서 농사와 사냥을 하며 살던 홍범도는 회령에서 철원으로 넘어가는 단발령 고개에서 유생 출신 포수 김수협을 만났어요. 조선의 국모가 일본 자객들의 칼에 무참히 살해됐다는 소식을 들은 두 사람은 의병 활동을 하여 불운한 나라를 구하기 위해 뜻을 모았어요. 그 뒤로 홍범도를 비롯한 여러 사람이 의병 활동을 하며 나라를 위해 몸 바쳐 싸웠습니다.

김수협(1853~1896년)

유생 출신 포수 김수협은 어릴 적부터 나라에 충성하고 부모에게 효도하라는 유교 사상을 따르고 실천하며 살았어요. 우리나라에 함부로 쳐들어온 일본군이 죄 없는 백성들을 살해하는 것을 보았고 명성황후 시해 사건을 들은 뒤 홍범도를 만나 항일 의병 활동에 나섰지요.
포수였던 두 사람은 일본군을 습격하고 총을 빼앗은 뒤 의병을 모집했어요. 포수와 농민으로 구성된 의병 부대는 친일 부역자의 집을 털어 군자금을 모았어요. 그 뒤로 유인석 의병장 부대에 합류하여 세 차례 걸쳐 일본군과 전투를 치렀으나 크게 패하고 말았어요. 1896년, 김수협은 안타깝게도 전투 중 총에 맞아 전사했습니다.

유인석(1842~1915년)

1842년 춘천 가정리에서 태어난 유인석은 화서학파 유학자 이항로의 제자였어요. 나라가 강대국의 틈새에서 위태로울 무렵, 국권을 회복하기 위해 을미의병을 일으켰어요. 1896년에는 제천에서 '호좌창의진' 의병 부대의 의병장으로 활약했어요.
1897년 아관파천으로 친러 내각이 들어서고 고종이 의병을 해산하라고 명했으나 유인석 부대는 항일 의병의 필요성을 느끼고 만주로 건너갔다가 1900년에 다시 우리나라로 들어와 황해도와 평안도에서 유학당을 열어 유림을 결집하고 항일의식을 심어 줬어요.
1905년(고종 42년) 을사늑약으로 친일 내각이 들어서면서 국

항일의병투쟁을 주도한 의병장 유인석
ⓒwikipedia

권 침탈이 이루어지자 유인석은 의병을 일으키는 데 앞장섰어요. 1907년 고종이 폐위되자 13도창의군을 세워 서울 진공 작전을 펼쳤어요. 하지만 무장한 일본군에게 대패하고 말았지요. 유인석은 연해주와 만주로 망명하여 13도의군을 창설했으며 '의병규칙'을 제정했지요. 1919년 74세의 유인석 의병장은 조국 땅을 밟지 못하고 죽음을 맞습니다.

홍양순(1892~1908년)

1892년 홍범도는 금강산 신계사 절에서 만난 여승 단양 이씨를 사랑하여 부부의 연을 맺었지요. 평범한 농부로 살려고 절을 떠나 산길을 가던 중 부부는 건달패들에게 습격당해 헤어지고 말았어요. 그때 임신 중인 단양 이씨는 홍범도가 죽은 줄로 알고 고향에 갔고, 거기서 홍양순이 태어났어요.

1895년부터 의병으로 활동하던 홍범도는 홍양순이 다섯 살이 된 해에 만날 수 있었습니다. 1907년 일본군이 사냥꾼들의 총기를 압수하기 시작하자 홍범도가 다시 의병 활동에 나서지요. 북청의 일진회 사무실을 습격하고 서짝골 포수들과 의병을 일으켜 일본군과 교전했어요. 그러자 일본 경찰이 단양 이씨를 붙잡아 고문했지요.

홍양순, 홍용환 두 아들과 함께 항일 무장 투쟁의 선봉에 선 홍범도 ©홍범도기념사업회

어머니가 걱정된 큰아들 홍양순이 일본 경찰의 편지를 들고 의병 부대에 나타나자 홍범도가 아들을 나무라며 돌려보냈습니다. 일본군과 목숨 걸고 싸우고 있는 아버지를 회유하러 간 일을 홍양순은 크게 부끄러워했지요. 고문 후유증으로 어머니가 돌아가신 뒤로 홍양순도 아버지와 같이 항일 의병의 길을 걸었어요. 1908년 6월 16일, 홍양순은 정평 바배기전투에서 의병으로 일본군과 싸우다 죽음을 맞습니다.

4 험난한 의병의 길

1907년

일본이 총포 및 화약류 단속법을 공포하고 조선에 있는 모든 무기를 수거하겠다는데 어떻게 할까요?

절대 넘겨줘선 안 됩니다.

허나 다른 지역 포수들은 제출한다고 하던데….

세상은 홍범도를 편안하게 살아가도록 그대로 두지 않았습니다.

총포는 우리에게 단순한 생계 수단이 아닙니다. 일본은 백성의 안전을 위해 총포를 수거한다고 말하지만, 사실은 우리의 무기를 빼앗으려는 속셈입니다.

바로 일본과 맞서 싸울 무기를 말입니다! 그걸 적에게 넘겨준다는 건 말이 안 됩니다.

넘겨주지 않으면 우릴 체포하려 들 텐데?

그럼 싸워야지요! 지금은 총포를 내놓으라 할 테지만 훗날엔 우리가 가진 모든 걸 빼앗아 갈 것입니다.

저는 의병 항쟁 경험도 풍부하고 사격술에서도 가장 뛰어난 홍포수를 우리 포계의 대장으로 추천합니다. 다른 분들 의견은 어떻습니까?

그럼 오늘부터 홍포수가 우리를 대표해 이끌어 주시오.

나도 추천하오!

찬성이오!

모두 고맙습니다. 흩어지면 죽고 뭉치면 산다고 했습니다!

우리 모두 힘을 모아 싸웁시다!

와아! 싸우자!

1907년 11월 15일 북청 일본 수비대

홍범도는 동료 포수들과 함께 조직한 의병대를 이끌고 북청의 일본 수비대를 기습 공격했습니다.

홍범도가 이끄는 의병대는 첫 의거에서 일본 수비대를 괴멸하는 큰 성과를 거두었습니다.

홍범도의 의병대가 일본 수비대를 괴멸했다는 소식이 퍼지자 예상대로 많은 사람들이 의병대에 모여들었습니다.

규모와 무기가 늘어나자 의병대의 활약은 더욱 활발해졌습니다.

동에 번쩍 서에 번쩍 전장을 오가며 눈부신 활약을 펼치는 홍범도에겐 '날으는 홍범도'라는 별명이 붙을 정도였습니다.

일본은 위협이 되는 홍범도를 잡기 위해
수단과 방법을 가리지 않았습니다.

가족과 남편을 살리고
싶다면….

남편에게 자수하라는
편지를 쓰란 말이다.

쓰지 않겠다고 몇 번을 말해야
알아듣겠느냐.

탁

만약 홍범도가 귀순하기만 한다면
천황폐하께서 백작의 칭호를 내려
여생을 편안하게 보낼 수
있을 것이다.

하하하. 그 말을 믿을 거라고
생각하느냐? 지나가던 개가 웃겠다.

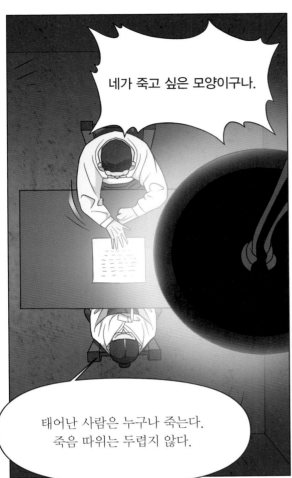

네가 죽고 싶은 모양이구나.

태어난 사람은 누구나 죽는다.
죽음 따위는 두렵지 않다.

나는 절대로 편지를 쓰지 않을
것이니 너희 마음대로 해라!

지독한 것!
어디 언제까지 버티나
보자!

단양 이씨는 일본의 경찰에 인질로 잡혀 모진 고문을
당했지만 끝까지 굽히지 않았습니다.

결국 극심한 고문 끝에 감옥에서
생을 마감하고 말았습니다.

아버님.

네가 여기까지 왜 왔느냐?

일본 경찰이 어머님을 끌고 갔습니다.

알고 있다. 그 일 때문에 여기까지 온 것이냐?

경찰이 아버님께 이걸 전하라고….

일본 경찰이 시켜서 왔단 말이지?

아, 아버님.

대… 대장.

이 일로 크게 깨달은 큰아들 홍양순은 아버지를 쫓아 의병에 합류했습니다.

그리고 1908년 6월 16일 정평 바배기전투에서 장렬하게 전사했습니다.

사랑하는 부인과 큰아들을 연이어 잃는 비극에 홍범도는 크게 슬퍼했습니다.

하지만 홍범도는 슬픔에 빠져 있을 수만은 없었습니다. 의병 항쟁을 이끌어 가야 할 임무가 있었기 때문입니다.

그러나 오랜 항쟁에 의병대는 지칠 대로 지쳤고,
막강한 군사력을 앞세워 포위망을 좁혀 오는
일본군에 맞서 싸우는 건 결코 쉽지 않았습니다.

국내 활동이 어렵다고 판단한 홍범도는 1908년
11월 10일 국경을 넘어 중국 길림으로
넘어갔습니다.

길림

중국으로 옮겨 가는 내내 홍범도는 열두 살 난 둘째 아들 용환의 손을 붙들고 있었습니다.

하지만 중국에서의 의병 활동은 더욱 어려웠습니다. 1908년
7월 안중근 의병의 국내 진입 작전 실패로 의병 활동에 대한
경제적 지원이 끊긴 상태가 지속되었고 러일전쟁에서 패한
러시아도 한인 의병에게 적대적이었습니다.

중국 길림성

동지들의 의견을 듣고
싶습니다.

무슨 의견을 듣고 싶다는
겁니까?

우리는 의병 항쟁을
이어 나가기 위해 중국으로
넘어왔지만, 후퇴를
거듭하며 일본군의 추격에
쫓기고 있을 뿐입니다.

스스로의 모습을 보십시오.
모두가 지쳐 전의를 상실한 것이
현실입니다.

하여 항쟁을 멈추고
전열을 가다듬는 것이
어떻겠습니까?

다시 만날 때까지
건강하시오.

홍범도와 그의 아들 용환, 그리고 의병 두 명을 뺀
나머지 의병들은 다시 국내로 돌아갔습니다.

홍범도는 블라디보스토크에서 의병 활동을 다시
하려고 애썼지만 이 또한 쉽지 않았습니다.

1910년대 만주와 연해주에서 이루어진 항일 무장 투쟁

1908년 우리나라의 군사권을 빼앗은 일본군이 의병 일망타진 대공세를 펼쳤어요. 오랜 항쟁으로 지친 의병 부대가 해산할 무렵, 홍범도는 압록강 건너 중국 길림을 거쳐 연해주로 떠났어요. 해외에서 다시 시작한 항일 의병 조직은 식민지 조국의 독립을 목표로 강력한 항일 무장 투쟁으로 이어졌습니다.

연해주 13도의군

1910년 6월 연해주에서 유인석 도총재가 이끈 13도의군에 홍범도도 참여했어요. 이 조직은 창의군(총재 이범윤)과 장의군(총재 이남기) 두 부대로 나뉘어 편성되었어요. 외교통신원 이상설이 사무와 조직 관리 책임을 맡았고요. 홍범도는 이진룡, 이갑 등과 함께 동의원이 되었어요. 그러나 13도의군이 항일전을 개시하기 전에 국권이 강탈당하고 말았습니다.

이때 13도의군 간부들을 중심으로 급히 성명회가 조직되었어요. 성명회는 식민지가 되어 버린 조국의 독립을 결의하면서 각종 격문을 중국, 러시아 한인 사회에 배포하는 등 반일 운동을 확산시켰습니다. 그러자 일제는 러시아 정부에 강력히 항의하여 항일 운동가들을 체포하고 인도하기를 요구했습니다. 결국 연해주에서의 항일 운동은 위축되고 말았으며, 13도의군도 1910년 9월 해체되고 말았어요.

연해주 권업회

1911년 5월, 연해주에서 '조국 독립'을 최고 이념으로 하는 자치 결사체 권업회가 창립되었어요. 최재형이 초대 회장을 맡았으며 홍범도는 권업회 부회장, 사찰부장으로 활동하였지요. 권업회는 활동을 널리 할 수 있도록 러시아 당국의 공인을 받았어요. 이들은 권업신문 발간 사업, 민족교육 사업, 한인의 경제력 향상 및 권익 보호에 심혈을 기울여 활동해 왔으나, 1914년 제1차 세계 대전이 일어나자 러시아가 일제와의 관계가 악화되는 것을 우려해, 그해 8월 강제로 해산되었어요.

권업회를 조직한 최재형 ⓒ최재형기념사업회

북간도 대한독립군

1919년 3·1독립만세운동이 일어났어요. 홍범도 부대는 간도 대한국민회의 재정 지원과 인력 지원을 받아 대한독립군을 편성한 뒤, 본격적으로 항일 무장 투쟁에 나섰답니다. 초기 대한독립군은 3개 중대에 2백여 명의 병력을 갖추었으며, 사령관에 홍범도, 부사령관에 주건, 참모장에 박경철로 구성되었어요.

대한독립군은 1919년 8월에 압록강을 건너 함경남도 혜산진에서 일본군 수비대를 공격하는 식으로 적극적으로 독립 전쟁에 나섰어요. 1920년 초반쯤부터는 최진동의 군무도독부와 연합하여 대규모 국내 진공 작전을 감행하였지요. 일제가 경비를 강화하는데도 해외 독립군 부대는 끊임없이 국내 진공 작전을 시도했고, 횟수가 거듭될수록 전과는 효과적으로 나타났습니다.

대한독립군 선언문 ©연합뉴스

여기서 잠깐 ▶ **최재형(1860~1920년)**

러시아의 한인 민족운동가 최재형은 자수성가한 사업가였어요. 자기 재산과 능력을 한인 공동체에 바치면서 한인들의 존경을 받았어요. 러시아 정부는 최재형을 연추 지방정부 시장으로 추천했고 주민들은 적극 환영했답니다. 한인 동포의 집에는 집집마다 최재형의 초상화가 걸려 있었다고 해요. 최재형은 항일 무장 투쟁의 정신적 지주이자 자금원으로도 활약하였답니다. 1909년 10월, 안중근의 이토 히로부미 저격도 최재형의 후원으로 성사되었다지요.

최재형은 권업회의 초대 회장을 맡아 하며 무장 투쟁을 준비하였고, 회원들 노임의 일부를 독립 전쟁 군자금으로 비축하는 노동회를 조직했습니다. 노동회에서 모은 자금으로 소총과 탄약을 구입해 동지들과 함께 농사를 지으며 국내에서 독립 투쟁을 할 기회를 엿보았지만, 1920년 4월 연해주를 침공한 일본군에 붙잡혀 죽었어요.

5 의병 항쟁에서 독립 전쟁으로

1910년 6월, 연해주에서 의병 활동을 이어 오던 운동가들이 모였습니다.

안중근 의사의 의거 이후 국내외 뜻있는 한인들의 모금과 참여 열기가 뜨겁습니다.

지금이야말로 의병 운동을 다시 일으킬 절호의 기회가 아닐 수 없습니다.

하여 여기 모인 동지들과 함께 13도의군을 창설하여 하나 된 힘으로 의병 운동을 힘차게 펼쳐나갈 것을 제안합니다. 동지들의 뜻은 어떻습니까?

찬성이오!

* 5장부터 홍범도가 착용한 군용 외투와 군모, 권총은 1922년 1월 극동민족혁명단체회의에서 레닌으로부터 받은 것입니다.
  하지만 홍범도라는 인물에 대한 어린이 독자들의 이해를 돕기 위해 홍범도의 상징적 복장으로써 나타냈습니다.

그럼 다음으로 네 분의 도총소 의원을 선출하도록 합시다.

저는 홍범도 의병장을 추천합니다. 홍대장이 청렴하며 불의에 굽히지 않는 분이라는 걸 모두가 알고 계실 것입니다.

재청이오!

찬성이오!

조국의 땅에서 일본을 몰아내기 위한 일이라면 문지기인들 마다하지 않을 것입니다. 소임에 최선을 다할 것을 약속드립니다.

홍범도는 안창호를 비롯한 다른 세 명의 운동가들과 함께 도총소 의원 직책을 맡게 되었습니다.

그러나 13도의군이 편성되고 얼마 지나지 않아 충격적인 소식이 전해졌습니다.

1910년 8월 29일

대장님!

덜컹,

탁 탁 탁

무슨 일이냐?

급보입니다.

* 급보 일

급보?

일본이 대한의 국권을 완전히 빼앗아 갔다고 합니다.

급보는 사실이었습니다. 국권 피탈이 일어난 것입니다.

한일 병합 조약

쾅!

아! 결국 나라를 빼앗기고 말았구나.

꽈악!

이대로 주저앉을 수는 없다.

반드시 원수를 갚고 국권을 되찾을 것이다!

그 일은 이제 막 다시 피어나던 항일 운동의 불씨에 기름을 끼얹은 것과 같았습니다.

홍범도는 권업신문을 발행하고 한인의 권익 옹호와 항일 정신을
배양하는 권업회의 부회장으로서 많은 동지들을 만났습니다.

1911년 11월 15일에는 유상돈, 엄인섭 등 동지
스무 명과 '21의 형제 동맹'을 맺기도 했습니다.

국내외로 독립의 정서가 뜨거워지는 정세
속에서 홍범도는 대한독립군을 창건했습니다.

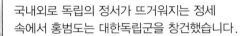

홍범도가 국외에서 독립운동을 위해 뛰어다니는 동안
국내에서는 독립 만세 운동이 전개되었습니다.

1919년 8월

세 부대로 나뉘어
두만강을 건너 함경남도 혜산진으로
진공해 들어간다.

총성이 신호다.
일시에 일본군
수비대를 습격한다.

예!

홍범도는 약 3백 명에 달하는 대한독립군을 이끌고 국내
진입 작전을 감행하며 독립 전쟁의 시작을 알렸습니다.

탕

무운을 빈다!

홍범도의 대한독립군은 첫 출전에서 일본군 수비대를 섬멸하는 큰 전과를 세웠습니다. 3·1 운동 이후 독립군에 의한 최초의 국내 진입 작전이자 첫 승전보였습니다.

그 뒤로 독립군 연합 부대는 1920년 1월부터 3월까지 무려 24회에 걸쳐 국내 진입 작전을 시도했습니다. 이러한 움직임은 국내외 독립운동가들의 사기를 북돋웠습니다.

그리고 그 선두엔 언제나 홍범도가 있었습니다.

근대 민족주의의 탄생과 독립 전쟁

19세기 이전 한국과 중국, 베트남은 유교주의 국가 전통을 따르며 서양 제국주의 세력을 배척했어요. 그러나 차츰 민주주의 국가 건설을 목표로 삼는 근대적 민족주의를 받아들였어요. 중국은 청국의 봉건 왕조를 타도하는 명분으로 한족 중심의 민족주의가 대세였어요. 한국과 베트남은 군주제와 중화주의를 극복하는 쪽으로 근대적 민족주의가 탄생했어요.

제1차 세계 대전

1914년 6월, 오스트리아의 황태자 부부가 세르비아의 한 청년에게 총을 맞고 사망했어요. 이 사건으로 두 나라 사이의 전쟁이 유럽으로 번졌지요. 오스트리아 동맹국 독일은 중립국인 벨기에로 진군하여 프랑스까지 쳐들어갔으며, 러시아군을 격파했고 바르샤바를 함락시켰습니다. 불가리아가 세르비아를 점령하며 동맹군이 우세해지자 연합군 영국이 독일에 선전포고했어요. 프랑스가 독일군을 몰아내면서, 전쟁은 연합군에 유리하게 전개됐어요. 중립을 지켜 왔던 미국이 참전하여 동맹군은 더욱 불리하게 되었어요. 1918년 11월에 독일·오스트리아의 황제

제1차 세계 대전의 연합국인 프랑스 군대
©wikipedia

가 물러나면서 마침내 4년 동안 계속된 제1차 세계 대전이 끝났습니다.

베르사유 조약과 국제 연맹

1919년 제1차 세계 대전에서 승리한 연합국인 미국, 영국, 프랑스가 중심이 되어 파리에서 평화 회의를 열었어요. 회의에서 맺어진 베르사유 조약을 통해 독일은 알사스·로렌 지방을 프랑스에 돌려주었고, 폴란드는 독립했어요. 독일의 식민지는 영국과 일본이 차지하였으며, 독일에 엄청난 배상금을 내도록 했어요. 이 조약으로 오스트리아는 오스트리아, 체코슬로바키아, 헝가리 세 나라로 나뉘었고 유고슬라비아가 독립했어요.

1918년 미국의 윌슨 대통령은 자유·정의·인도 정신과 국제 협조를 새로운 평화의 기본 원칙으로 제안했어요. 비밀 외교 폐지·군비 축소·민족 자결주의 등 14개 조항을 내걸고 국제 연맹을

만들었지요. 윌슨의 민족 자결주의는 '각 민족은 자신의 정치적 운명을 스스로 결정할 권리가 있으며, 이 권리는 다른 민족의 간섭을 받을 수 없다.'는 내용을 담고 있지요. 이 민족 자결주의의 영향을 받아 3·1 독립 만세 운동이 일어났어요.

대한민국임시정부

3·1 운동 이후 독립운동가들은 국내와 해외에 임시 정부를 세웠어요. 국내의 한성 정부, 중국 상하이에 있는 대한민국임시정부, 미국 임시 정부, 연해주의 대한 국민 의회 등 곳곳에 임시 정부가 조직되었어요. 그러다 전 국민을 대표하여 독립운동을 이끌어 갈 통합된 정부가 필요하다고 생각했고 상하이의 대한민국임시정부로 통합하였답니다. 당시 상하이는 일제의 영향력이 미치지 않았고 세계 여러 나라와의 외교 활동이 편리한 곳이었거든요. 그래서

대한민국임시정부의 신년 축하식 ⓒwikipedia

많은 민족 지도자들이 모여 독립 투쟁을 하기에 딱 알맞은 지역이었습니다. 대한민국임시정부는 자유 민주주의와 공화정을 기본으로 한 국가 체제를 갖추었으며, 광복될 때까지 임시 정부를 이끌었습니다.

여기서 잠깐 ▶ **홍범도 일지**

홍범도가 중앙아시아로 강제 이주를 당해 카자흐스탄에 정착해 살던 당시, 연극 연출가인 태장춘의 제의로 홍범도의 출생부터 무장 독립 투쟁, 말년에 이르기까지 겪은 일을 담은 《홍범도 일지》라는 책이 나왔습니다. 이 책에는 당시 시대적 상황과 홍범도의 무장 투쟁을 생생하게 엿볼 수 있는 내용이 담겨 있는데요. 그 일부를 함께 살펴보겠습니다.

⋯⋯

1914년 제1차 세계 대전이 발발하자 일본과 동맹국이 된 러시아 당국의 감시를 받게 되었습니다. 금광에서 모은 돈으로 오연발총을 준비하여 무장 투쟁을 준비했습니다. 1919년 3·1 운동에 영향을 받아 만세운동을 전개했습니다. 한인사회당의 당수 이동휘가 '독립군총사령관'으로 나를 임명했습니다.

6 봉오동전투의 영웅

홍범도를 비롯한 독립군의 국내 진입 작전이 성공을 거두게 되자 대규모 국내 진입 작전을 도모하고자 하는 의지가 하나로 모였습니다.

우리가 지금까지 포기하지 않고 노력했지만, 아직까지 우리 땅에 발을 들여놓지 못했습니다.

우리가 함께 힘을 모으지 못한다면 그 누가 우리와 함께하려 하겠습니까.

1920년 5월

동감입니다!

홍범도의 대한독립군, 최진동의 군무도독부, 안무의 국민회군. 이렇게 세 독립군이 뜻을 모아 홍범도를 사령부장으로 하는 '대한북로독군부'를 결성했습니다.

함께 싸웁시다!

1920년 6월 4일 새벽 함경북도 종성군 일본 헌병 순찰대 초소

먼저 소규모 부대가 함경북도 종성군 강양동으로 진입하여 일본 헌병 순찰대의 초소를 공격하고 달아나는 작전이오.

일본군에게 미끼를 던져 유인하자는 전술이로군요!

그렇소.

군대를 보내라!
이번 기회에 놈들의 근거지를
뿌리째 뽑아 버려라!

콰!

예!

독립군의 유인 작전에 추격대를 잃은 일본군은 중무장한 5백여 명의 군대를 편성해 독립군 토벌에 나섰습니다.

화력의 차이가
너무 크다.

억! 고개를
들 수가 없어.

놈들의 기세가 꺾였다.
모두 대형을 정비하고
반격하라!

이대로 가다간 화력에서 월등한 우위에
있는 일본군이 점점 유리해진다.

움츠리고 있어도 어차피 죽는다.

그럴 바엔 싸우다 죽는 걸 택하겠다!

으악!

악!

후퇴하라!

됐다!
다시 흐름이 우리 쪽으로 넘어왔다!

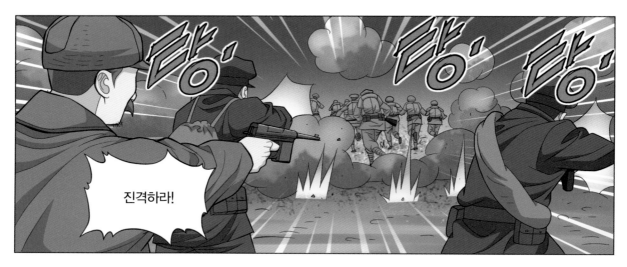

진격하라!

가까이 오게.

선두를 남기고
본대를 물리게.

섬멸이 눈앞인데 여기서 돌아간단 말입니까?

이제 곧 비가 쏟아질 걸세.

그렇게 되면 화력이 우세한 적들에게 유리해집니다. 서둘러 적들을 섬멸하는 것이 좋지 않겠습니까?

본대를 이끌고 먼저 골짜기로 가서 매복하게. 내가 미끼가 되겠네.

하지만 본대가 빠지면 적들이 유인 작전을 눈치채지 않겠습니까?

한 치 앞도 보이지 않는데
우리 인원이 얼마나 되는지
어떻게 알겠는가?

알겠습니다!

오늘 대한독립군의 힘을
확실하게 각인해 주마!

후퇴하라!

후퇴하라!

퇴각하라!

놈들이 달아난다!
추격해라!

홍범도의 유인 작전에 말려든 일본군이 골짜기에 들어섰을 때 이미 매복하고 있던 독립군의 공격이 다시 이어졌습니다.

봉오동 골짜기에서 벌어진 전투에서 수백 명의 일본군 사상자가 발생했습니다.

봉오동전투 이후 홍범도 장군과 그의 부대는 독립군 가운데 가장 강력한 정예 부대로 평가받았습니다.

독립군의 완벽한 승리였습니다.

봉오동전투 이후 사기가 오른 독립군의 활약이 계속되자, 일본은 대대적인 군대를 편성하여 간도로 들어가 독립군 포위 섬멸 작전을 펼치기로 했습니다.

이에 홍범도 장군이 이끄는 대한독립군은 대한국민회군, 대한의군부, 대한신민단, 대한광복군 등과 함께 연합 부대를 이루어 일본군과 맞서기 위해 간도로 향했습니다.

간도에 들어선 일본군은 김좌진 장군이 이끄는 북로군정서의 퇴로를 차단하고 압박했지만, 이를 예상한 김좌진 장군은 기막힌 매복 작전으로 일본군에 대항했습니다.

공격하라!

결국 그날의 전투는 북로군정서의 승리였습니다.

같은 날 오후, 홍범도 장군이 이끄는 연합 부대 역시 멀지 않은 곳에서 지형지물을 이용해 허를 찌르는 매복 작전으로 일본군에게 완승을 거두고 있었습니다.

다음 날 어랑촌에서 이어진 전투에서 김좌진 장군의 북로군정서는 화력과 병력에서 우세한 일본군 5천여 명을 상대로 고전하고 있었습니다.

그 소식을 전해 들은 홍범도 장군은 연합 부대를 이끌고 어랑촌으로 달려와 일본군을 공격했습니다.

공격하라!

봉오동전투와 청산리대첩

봉오동전투와 청산리대첩은 1920년 간도 지역에서 독립군이 일본군을 크게 물리친 전투입니다. 홍범도는 이 두 전투에서 대한독립군, 대한국민회군 등의 독립군 연합 부대를 이끌고 일본군과 격전을 벌여 큰 승리를 이루었지요. 홍범도와 우리 독립군이 참전한 봉오동전투와 청산리대첩에 대해 같이 알아보아요.

봉오동전투

3·1 운동이 일어난 뒤로 만주 지역에서는 항일 무장 단체의 수가 폭발적으로 늘어났어요. 1910년 일본의 강제 합병(경술국치) 이후로 조선 독립을 목표로 만주에서 신흥무관학교를 세워 무관들을 길러 냈습니다. 이 학교를 졸업한 무관들은 독립군의 중심이 되어 무장 독립 투쟁을 펼쳤지요.

독립군은 주로 두만강이나 압록강 주변에서 일본군을 상대로 전투를 벌였습니다. 이런 독립군의 활동이 눈엣가시 같았던 일제는 독립군을 추격하였고, 그중 하나가 홍범도가 이끄는 대한독립군이에요. 대한독립군은 깊은 산에 숨어 있다가 일본군이 나타나면 공격하고 사라지는 작전을 펼쳤지요.

1920년 6월 7일 만주(중국 길림성 왕청현) 봉오동 골짜기에서 홍범도가 이끄는 대한독립군, 최진동이 대장으로 있는 군무도독부 독립군 부대가 연합으로 일본군 제19사단 소속 월강추격대대와 전투를 벌였습니다. 이때도 홍범도 부대는 일본군을 산골짜기로 유인해서 공격하는 작전을 펼쳐 크게 승리했지요. 봉오동전투는 강제 합병 이후 한국의 독립군이 일본 정규군과 싸워 최초로 승리한 전투이자, 독립군과 우리 민족 전체의 독립 의지와 사기를 드높인 사건이었지요.

청산리대첩

봉오동전투가 벌어지고 네 달 뒤인 1920년 10월 21일 아침, 독립군은 청산리 백운평 부근으 골짜기에서 일본군에게 기습 공격을 받은 것을 시작으로 10월 26일까지 엿새 동안 열 차례의 크고 작은 전투를 벌였습니다. 이 전투를 모두 묶어 '청산리대첩'이라고 합니다. 이 전쟁에서 북로군정서의 김좌진과 이범석, 홍범도의 대한독립군 3천여 명은 독립군을 토벌한다는 명목

청산리대첩에서 일본을 상대로 승리한 독립군 주역들 ⓒwikipedia

으로 편성된 일본군 5천여 명과 벌인 전쟁에서 3천여 명의 일본군 사상자를 내며 큰 승리를 거두었습니다.

청산리대첩은 죽음도 두려워하지 않고 몸을 내던져 싸우는 독립군 병사들의 정신과 지형을 이용한 작전이 일구어 낸 최대의 승리였어요. 이 독립 전쟁 덕분에 우리 민족의 사기를 드높일 수 있었어요.

여기서 잠깐 ## 김좌진(1889~1930년)

김좌진은 충남 홍성의 부잣집에서 태어났어요. 일찍이 아버지를 여읜 소년 김좌진은 집안의 살림을 맡게 되었지요. 김좌진은 글공부보다 말타기와 활쏘기를 좋아했어요. 홍주의병이 일어났을 때 의병장을 통해 항일의식을 배웠고, 계몽운동가로부터 새로운 세상을 접했어요.

그는 열다섯 살에 집안의 노비들을 해방시켰어요. 자신의 집에 학교를 세우고 교육계몽운동에 뛰어들었어요. 열아홉 살이나 되었을 때는 한성신보 신문사, 오성학교, 신민회, 기호흥학회 등 단체에 가입하여 교육 운동을 활발하게 이어 갔어요.

1910년 일본에게 우리나라를 빼앗기자 재산을 처분하여 독립자금을 마련하기 시작했어요. 1918년 일본 경찰을 피해 만주로 갔어요. 김좌진은 군사를 모집하고 훈련하는 데 힘을 쏟았어요. '북로군정서' 독립군 부대의 총사령관이 되어 수천 명의 독립군과 총기류와 탄환뿐 아니라, 군자금을 갖춘 만주의 최정예 독립군 부대로 만들었어요.

청산리대첩을 승리로 이끈 김좌진 장군 ⓒ홍성군청

1920년 10월 청산리대첩에서 일본군과 싸워 대승을 거뒀어요. 1930년 1월 24일 적의 총탄에 맞아 안타깝게 순국했어요.

7 오! 자유!

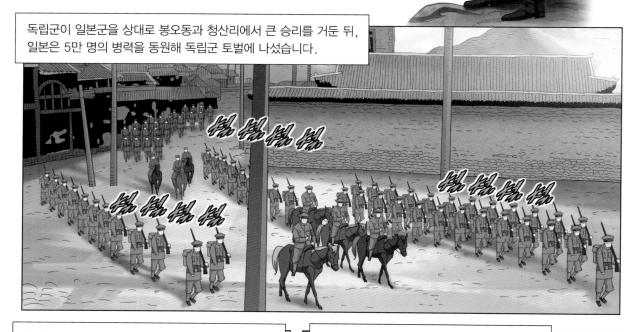

독립군이 일본군을 상대로 봉오동과 청산리에서 큰 승리를 거둔 뒤,
일본은 5만 명의 병력을 동원해 독립군 토벌에 나섰습니다.

독립군은 일본의 더욱 강화된 토벌 작전을 피해
간도를 떠날 수밖에 없었습니다. 1921년 홍범도는
부대를 이끌고 러시아령 이만으로 옮겼습니다.

이만
(현 달네레첸스크)

봉오동

청산리

일본은 봉오동과 청산리에서의 패배를
보복하기 위해 간도와 시베리아 등 여러 곳에
거주하는 수많은 한인들을 학살했습니다.

자유시 독립군 주둔지

쾅!

죄 없는 민간인을
학살하다니, 짐승만도
못한 놈들이다!

한인 독립군 부대
책임자들을 만나야겠다!

우리가 오늘 이 자리에 모인 것은
새로운 독립 전쟁을 준비하기 위해서입니다.

조국의 독립을 위한 투쟁에
힘을 모아 주십시오!

힘을 모읍시다!

자유시에 모인 한인 독립군 부대 책임자들은 1921년 3월 중순경 아무르주 미사노프시에서 전한의병대의회를 개최하여 총 인원 3천여 명에 이르는 전한군사위원회와 대한의용군사회 총사령부를 만들었습니다.

홍범도는 대한의용군사회의 참모부를 맡았습니다.

하지만 새로운 독립 전쟁의 길은 쉽지 않았습니다.

소련 극동 공화국 제2군단에서 우리 독립군 부대의 무장 해제를 요구해 왔습니다.

군대에게 무장을 해제하라고 요구하다니, 도대체 이유가 무엇이라고 합니까?

전투 효율이 떨어지는 독립군 부대의 무기를 회수하고 소련제로 일괄 지급하겠다고 합니다.

말도 안 되는 소리!

펑

우리를 바보로 아는 건가? 그건 핑계일 뿐입니다.

그들의 말을 어떻게 믿을 수 있단 말입니까?

하지만 소련 땅에 머물고 있으면서 그들의 요구를 무시할 수도 없지 않겠습니까. 게다가 그들 역시 혼란스러운 상황이고요.

당시 소련은 러시아 혁명에 성공한 적군과 반공산주의 군주제를 옹호하는 백군이 내전을 벌이고 있었습니다.

또한 독립군 내에도 다양한 이념을 가진 사람들이 모여 있었고, 저마다 독립군의 주도권을 잡고자 했습니다.

저는 극동 공화국의 요구에 따르겠습니다.

홍범도는 소련의 지원 없이 독립 전쟁을 이어 가기 쉽지 않다는 판단에 소련을 믿기로 결정했습니다.

그러나 홍범도의 믿음은 얼마 안 가 산산이 부서졌습니다. 소련군은 무장 해제 요구를 따르지 않은 대한의용군사회를 공격해 무력으로 무장 해제를 단행했습니다. 뿐만 아니라 의견을 달리한 독립군들 사이에도 총격이 벌어졌습니다.

수많은 사상자와 포로를 남긴 자유시 참변으로 한인 독립군은 와해되고 말았습니다. 새로운 독립 전쟁을 꿈꾸었던 홍범도는 믿었던 소련의 배신과 한인 독립군의 와해를 지켜보며 망연자실했습니다.

게다가 자유시 참변이 발생하고 얼마 지나지 않은 1921년 6월 5일 둘째 아들 용환마저 병으로 세상을 떠나고 말았습니다.

홍범도는 세상에 홀로 남겨진 것 같은 기분이 들었습니다.

그러나 대한 독립의 꿈을 버릴 수 없었던 홍범도는
자기를 따르는 부하들을 이끌고 소련 적군으로
향했습니다. 때를 기다리기 위해서였습니다.

소련 적군 제5군단

홍범도에게 우호적이었던 소련의 적군에서
홍범도와 부대원을 받아들여 '소련 적군
제5군단 직속 조선여단'을 편성하고
홍범도를 제1대대장으로 임명했습니다.

소련 적군 내의 한인 빨치산 대장이
된 홍범도는 러시아 혁명의 주역
레닌과 단독으로 면담했습니다.
레닌은 홍범도의 이름을 새긴 권총과
군모, 군용 외투 한 벌을 선물하기도
했습니다.

그러나 1923년 1월 레닌이 투병 끝에 사망하고
홍범도에게 우호적이던 세력이 숙청되면서
독립운동은 난관에 부딪쳤습니다.

국내 정세가 불안한 소련으로서는 일본과의 마찰을 원치
않았기에 한인 무장 병력을 강력하게 통제하고 지원을
끊어 고립시켰습니다. 그사이 희망을 잃고 지친 동지들도
하나둘 떠나가 50여 명의 부대원만 남았습니다.

한인촌

이렇게 주저앉을 수는 없다.
하늘은 스스로 돕는 자를
돕는다고 했다!

끼익,

턱,

땅을요?

농사를 지어 독립군에 필요한 자금을
마련할 생각이네.

아직 희망을 버리지
않으셨습니까?

우리가 희망이네.
그러니 어찌 버릴 수
있겠는가?

장군님!

동지들….

구경만 하실 생각
마십시오.

무슨 소리! 내가 농사꾼 출신 아닌가.
농사라면 자신 있네!

여기 농사꾼 출신 아닌 사람이 몇이나 된다고
그러십니까? 장군님도 농사꾼 출신인데.

하 하 하 하

홍범도는 수많은 역경과 고난 속에서도 결코 포기하지 않았고,
한인들과 함께 황무지를 개간하여 삶의 터전을 일구었습니다.

농지를 일구고 나면 관리들이 나타나 땅을 빼앗고 몇 번이고 다른 지역으로 내쫓았지만, 홍범도는 그때마다 동지들의 사기를 돋워 이주한 지역에서 새로운 땅을 일궜습니다.

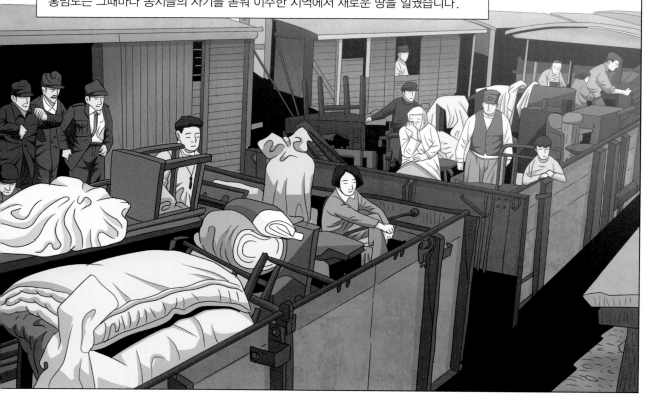

집단 농장의 지도자로 일하던 홍범도는 퇴직 후에는 농업 협동조합의 수직원으로 일했습니다. 1937년까지 블라디보스토크 근처에서 한인들과 함께 살아가는 동안 예순아홉이 되었습니다.

그러다 1937년 9월, 스탈린에 의해 자행된 '민족 강제 집단 이주'로 홍범도는
한인들과 함께 8천여 킬로미터나 되는 먼 거리를 이동해 중앙아시아 카자흐스탄으로
이주해야 했습니다. 당시 이주한 한인은 36,442가구에 달했습니다.

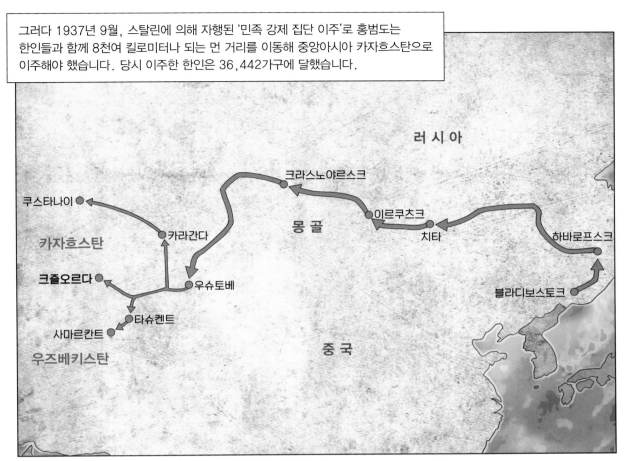

카자흐스탄의 크즐오르다로 이주한 홍범도는 일흔의 노령에도 불구하고
또다시 집단 농장을 일구는 한편, 극장 경비 책임자로 일했습니다.

카자흐스탄의 고려 연극 1세대 배우이자 홍범도가 경비 책임자를 맡고 있는 고려극장의 총연출가 태장춘이 홍범도를 찾았습니다.
홍범도 선생님.
태장춘 연출가께서 우리 집엔 어쩐 일입니까?
1941년
만나서 반갑습니다.
선생님의 생애를 다룬 작품을 쓰고자 합니다. 혹시 선생님의 생애를 저에게 들려주실 수 있으시겠습니까?
내 생애를 연극으로 만들겠다는 겁니까?
그렇습니다.
내 얘기를 만들어서 무엇 하시려고? 난 그렇게 대단한 사람이 못 됩니다.

음…
모든 한인들의 역사라….

선생님의 생애는
카자흐스탄에 거주하는 모든
한인들의 역사입니다. 후세를
위해 부탁드립니다.

그렇다면
한 가지 조건이 있소.

조건이
무엇입니까?

절대 나를 추켜세워선 안 됩니다.

선생님의 말씀
명심하겠습니다.

태장춘은 홍범도의 생애를 바탕으로 〈홍범도〉라는 제목의 연극을 제작해 무대에 올렸습니다.

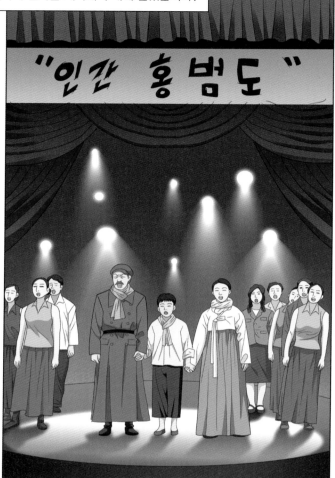

"인간 홍범도"

나를 너무 추커세우지 마십시오.

나는 항일 독립 투쟁 중에 이름도 남기지 못하고 사라져 간 수많은 동지 중 한 사람일 뿐입니다.

연극이 만들어지고 몇 년 지나지 않은 1943년 10월 25일, 홍범도는 75세에 세상을 떠났습니다.

유족과 한인들은 인근 공동 묘지에 안장된 묘비에 '저명한 조선 빨치산 대장 홍범도'라는 글을 새겨 그의 생애를 기렸습니다.

오! 자유! **153**

평생 동안 고난과 역경의 길을 걸었으나 단 한 번도 자유를 억압하는 모든 것에 굴하지 않고 마지막 순간까지 항쟁을 이어 간 홍범도는 그 누구보다 자유롭고도 용기 있는 독립운동가로서 후대에 기억될 것입니다.

중앙아시아 강제 이주와 고려인

홍범도는 우리나라의 독립을 위해 목숨을 바쳐 싸웠지만, 소련 스탈린 정부의 고려인 강제 이주 정책 때문에 살던 터전을 떠나게 되었고 낯선 땅에서 생을 마감할 수밖에 없었어요. 홍범도를 비롯해 그 당시 연해주에 살던 고려인이 어째서 자기가 살던 터전을 떠날 수밖에 없었는지 살펴봐요.

강제 이주의 원인

고려인은 옛 소련 지역에 살던 우리 민족을 이르는 말입니다. 이들은 19세기 후반 압록강과 두만강을 넘어 연해주 등지에 터를 잡고 땅을 일구며 살았어요. 이들이 살던 지역은 20세기 초에는 한인 의병들의 주요 활동 무대이자 독립군 기지로서 역할을 할 만큼 발전했지요.

1937년 중앙아시아로 강제로 이주된 고려인들

그런데 홍범도가 69세였던 1937년, 소련 정부는 연해주의 고려인 18만 명을 중앙아시아의 카자흐스탄과 우즈베키스탄 등으로 강제 이주시켰어요. 아무런 예고도 없이 벌어진 일이라 평소와 다름없이 생활하던 고려인들은 큰 혼란과 어려움을 겪을 수밖에 없었어요.

소련 정부가 강제 이주를 단행한 이유는 여러 가지로 생각해 볼 수 있어요. 가장 큰 이유는 소련 정부가 일본과의 전쟁을 앞둔 상황에서 고려인들이 소련의 기밀 정보를 일본군에게 제공하지 않을까 의심했기 때문이에요. 소련의 입장에서는 고려인이나 일본군이나 외모로 구별하기가 무척 어려웠기 때문에, 고려인 사회에 일본군 첩자가 숨어들진 않을까 늘 경계했지요.

또 다른 이유는 고려인을 강제로 이주시킴으로써 소련이 얻을 수 있는 이득이 꽤 많았다는 거예요. 당시 소련은 척박한 중앙아시아를 개간해 농업 생산력을 증대시키려고 했어요. 그러기 위해서 자국의 국민보다 농사의 경험이 풍부하고 성실한 고려인을 보내는 것이 더 적합하다고 판단한 거예요. 마침 연해주 등지에 살던 고려인 사회가 점점 커지는 것에 대한 불안감을 느끼고 있었기 때문에 그야말로 한 번에 두 가지 이득을 챙길 기회였어요.

강제 이주의 과정

강제 이주는 1937년 가을부터 겨울까지 진행됐습니다. 하지만 그 과정은 폭력적이고 무자비했어요. 고려인은 시베리아 횡단 철도를 타고 블라디보스토크에서 출발해 중앙아시아 종착지까지 가야 했는데, 창문도 없는 열차 짐칸에 수백 명이 꽉 들어찬 상태로 이동했다고 해요. 물론 제대로 된 식사와 물, 난방 시설도 없었지요. 강제로 옮겨 가는 동안 고려인들이 느꼈을 수치심과 참혹함은 말로 표현할 수 없을 정도였을 거예요. 강제 이주의 과정에서 수만 명의 희생자가 생긴 것으로 추정하고 있어요. 정확한 희생자 수를 파악할 수 없는 이유는 당시 소련 정부가 강제 이주에 대한 제대로 된 기록도 남기지 않은 채 은밀히 진행했기 때문이에요.

1937년 10월 25일 니콜라이 예조프 소련 내무인민위원회 위원장은 극동의 고려인 36,442가구, 171,781명이 중앙아시아로 이송되었다고 보고했어요. 고려인은 여러 나라, 지역으로 나뉘어 이주했는데, 그들의 삶은 비참함 그 자체였어요. 허허벌판에 버려지다시피 한 그들은 토굴을 파고 갈대로 지붕을 이어 당장 추위를 피해 살아갈 궁리를 할 수밖에 없었어요. 게다가 이듬해 봄이 되어 황무지를 일궈 농사를 짓기 시작했지만, 소련은 그들에게 보상은커녕 거주의 자유를 빼앗고 감시하는 등 탄압하기만 했어요. 고려인 강제 이주는 스탈린 공산주의 아래에서 억울하게 고통받았던 우리 민족의 뼈아픈 수난사였답니다.

여기서 잠깐 홍범도의 카자흐스탄 강제 이주

러시아의 지도자 레닌이 홍범도와 만나 '조선 독립을 돕겠다'고 약속했지만, 그가 사망한 이후 스탈린 체제의 소련 공산주의는 고려인을 냉대했지요. 홍범도를 비롯한 수많은 독립군은 집단농장에서 농부로 살아야 했어요. 1937년 소련의 고려인 집단 이주 정책에 따라 홍범도 역시 시베리아 열차를 타고 중앙아시아 카자흐스탄으로 강제 이주를 당했지요. 카자흐스탄에서 여생을 보내던 홍범도는 1943년 죽음이 다가오자, 남은 재산을 털어 고려인들을 위한 잔치를 열었어요. 그리고 10월 25일 일흔다섯의 나이로 눈을 감았어요. 그의 묘비명에는 '저명한 조선 의병 대장 홍범도'라고 새겨져 있어요.

오늘날까지 카자흐스탄의 고려인은 홍범도를 우리 민족의 영웅으로 특별히 받들며 추앙하고 있답니다.

홍범도 묘비 ©홍범도기념사업회

국립대전현충원

국립대전현충원은 지난 1985년 11월 13일, 전체 면적 약 330만m²의 규모로 지어졌습니다. 현충탑과 묘비 앞에서 추모의 뜻을 전하고 감사하는 마음을 나타내는 곳이지요.

현충문 ⓒ국립대전현충원

국립대전현충원에 들어서면 고전식 한옥 형태를 한 현충문이 있습니다. 현충문은 방문객들이 몸과 마음을 경건하게 하고 참배를 준비하는 공간입니다. 현충문을 지나 들어가면 현충탑이 보입니다. 현충탑은 조국과 민족을 위해 목숨을 바친 순국선열과 호국영령의 공훈을 영구히 추앙하고자 세운 탑입니다. 현충탑 참배는 현충원에 안장되신 분 모두를 기린다는 상징적 의미가 있습니다. 현충탑에 참배하는 동안 그분들의 숭고한 희생정신을 받들어 평화적인 통일을 이루고 더 큰 대한민국을 건설하겠다는 의지를 다지는 것이지요.

국립대전현충원에는 독립유공자, 국가 사회 공헌자, 천안함 46용사 묘역, 대통령 묘역 등 여러 순국선열들의 묘역이 있습니다.

현충탑 ⓒ국립대전현충원

독립유공자 묘역 중 제1-1묘역에는 주요섭의 묘가 있어요. 주요섭은 '사랑방 손님과 어머니'로 알려진 작가인데요. 숭덕학교 학생들과 독립신문을 발간하고 상해한인학우회 운동부 집행위원을 지냈습니다.

제2묘역 771, 772호에는 김구 선생의 어머니 곽낙원 여사와 선생의 장남 김인 지사의 묘가 있습니다. 곽낙원 지사는 독립운동하다가 중국 충칭에서 순국했습니다. 김인 지사는 애국단 중심의 한국국민당에서 실무 중심으로 참여했으며, 중국 류저우에서 한국광복전선에 입대했다가 충칭에서 순국했습니다.

제3묘역 917호에는 홍범도 장군의 묘가 있어요. 홍범도 장군은 평양에서 태어나 강원도와 함경도에서 의병 활동을 하였습니다. 대한독립군 총사령관이 되어 봉오동과 청산리에서 항일독립 전쟁을 치렀지요. 광복을 보지 못하고 1943년에 생을 마감했습니다.

보훈장비전시장에 있는 증기기관차 ⓒ문화재청

국가사회공헌자 묘역 10호에는 손기정 선수가 있어요. 1936년 베를린 올림픽 마라톤 우승의 주역이지요. 수상대에 올라 가슴의 일장기를 월계수 화분으로 가린 채 고개를 푹 숙인 사진으로 온 국민의 가슴을 아프게 했습니다.

국립대전현충원에는 대한민국을 수호했던 실제 장비들이 야외에 전시된 보훈장비전시장이 있어, 각종 전투기, 장갑차, 함포 등을 직접 볼 수 있습니다.

여기서 잠깐   홍범도 장군의 유해가 봉환된 국립대전현충원

국립대전현충원에는 홍범도 장군의 유해가 안정되어 있어요. 홍범도 장군이 돌아가신 뒤로 오랜 시간 동안 카자흐스탄에 묻혀 있었지만, 2021년 국가에서 카자흐스탄 정부에 간곡히 요청하여 홍범도 장군 유해를 모셔 온 것이에요.

2021년 8월 15일 유해 봉환식을 거행했고, 이틀간 국민 추모 기간을 거쳐 8월 18일 국립대전현충원 독립유공자 묘역에 장군의 유해를 안치했습니다. 이로써 홍범도 장군은 1921년 연해주로 간 뒤로 100년 만에 고국 땅에 들어와 영면할 수 있게 되었어요.

홍범도 장군 유해 봉환 ⓒ연합뉴스

한국사 연표

선사 시대 및 연맹 왕국				삼국 시대	남북국 시대

약 70만 년 전	약 1만 년 전	BC 2000년경	BC 400년경	0　100　200　300　400　500	600

구석기 시대

신석기 시대

청동기 시대

철기 시대

BC 200년경~494
부여

BC 200~300년경
동예

BC 200~56
옥저

BC 37~668
고구려

주몽(고구려)

BC 18~660
백제

온조(백제)

BC 2333~BC 108
고조선

단군(고조선)

BC 57~935
신라

박혁거세(신라)

67●
삼국 통일

42~562
가야

*BC : 기원전

후삼국 시대	고려 시대	조선 시대	대한 제국	일제 강점기	대한 민국

| 900 | 1000 | 1100 | 1200 | 1300 | 1400 | 1500 | 1600 | 1700 | 1800 | 1900 | 2000 |

발해
698~926

대조영(발해)

901~918 후고구려

궁예(후고구려)

견훤(후백제)

900~936 후백제

1897~1910 대한 제국

1910~1945 일제 강점기

1945~현재 대한민국

1392~1910
조선

이성계(조선)

918~1392
고려

왕건(고려)

하루 한 장 **한국사**와 **국어** 실력 쌓기
만화로 만난 인물을 **독해**로 만나다!

한국사 독해
워크북

한국사를 깊이 이해하고 문해력을 키워 주는
한국사 독해 워크북 특징!

1 **하루 15분 꾸준한 독해 활동을 도와줍니다.**

매일 1장씩 7일 동안 학습하면 성취감이 올라가고
자기 주도 학습 능력을 키울 수 있습니다.

2 **한국사 인물을 글과 문제로 깊이 이해합니다.**

만화로 알게 된 인물에 더욱 공감할 수 있고
역사적인 사실을 더 자세히 알 수 있습니다.

3 **다양한 글의 형식을 경험할 수 있습니다.**

일기, 편지, 강연록, 뉴스, 신문 사설, 광고문 등을 통해
문해력은 물론 국어의 모든 영역이 발달합니다.

홍 범 도

who? 뉴스룸 홍범도 흉상 이전 논란

　지난 8월 말 육군사관학교가 삼일절 99주년 기념으로 구내에 설치된 독립군 및 광복군 영웅 흉상을 철거해 독립기념관으로 이전하는 절차를 추진하고 있다고 발표했습니다. 사흘 뒤에는 국방부에서 합동참모본부 공동청사에 설치된 홍범도 흉상도 철거하겠다고 발표하며 여론의 반발을 불러왔습니다.

　철거 사유는 '홍범도 장군이 소련 공산당에 가입했던 사람이므로 육사에 두어서는 안 된다'는 이유였습니다. 하지만 홍범도 장군은 독립운동에 유리하다는 판단으로 소련 공산당에 가입만 했을 뿐 적극적인 활동을 한 적이 없는 것으로 드러났습니다. 홍범도 장군은 우리나라에서 여러 정권을 거치는 동안 건국훈장 '대통령장', 해군 '홍범도함' 명명, 유해 봉환, 건국훈장 '대한민국장'을 받은 독립유공자입니다. 또 '육군사관학교에는 독립운동보다는 창군 이후의 군사적 분야에 적합한 인물의 흉상을 비치하는 것이 적절하다.'라는 근거로 흉상을 이전해야 한다는 주장을 펼치기도 합니다.

　한편 대한민국 국군이 지청천 장군과 이범석 장군의 한국광복군을 계승하였고, 육군사관학교는 이회영 선생이 건립한 신흥무관학교의 후신이었으며, 국방부는 홍범도 장군과 김좌진 장군의 봉오동전투, 청산리대첩을 1920년대 국군의 역사로 기록하는 등 현재 거론되고 있는 다섯 인물은 육사에 모셔야 마땅한 영웅이므로 이번 흉상 이전 논란은 현 정부가 정치적 이념을 앞세워 헌법의 자유민주적 기본 질서를 어지럽힌 사건이라고 보는 반발 여론이 팽팽하게 맞서고 있습니다. 국방부는 홍범도 흉상 이전에 반대하는 국민 다수의 여론을 무시한 채 철거를 강행하겠다는 입장을 유지하고 있습니다. 우리 사회의 각계각층에서 정부의 방침을 비판하는 소리가 높아지고 있습니다.

1.

뉴스에 나온 '흉상 이전'에 관련한 내용으로 <u>틀린</u> 것을 고르세요.

① 육군사관학교가 구내에 설치된 독립군 및 광복군 영웅 흉상을 이전하기로 발표했다.
② 홍범도 장군은 '대통령장'과 '대한민국장'을 받은 독립유공자이다.
③ 대다수 국민이 국방부에 설치된 홍범도 장군의 흉상을 이전하는 데 찬성했다.
④ 국방부는 합동참모본부 공동청사에 설치된 홍범도 흉상도 철거하겠다고 발표했다.

2.

육군사관학교가 독립군 및 광복군 영웅 흉상을 철거해 다른 곳으로 옮기고자 하는 이유가 무엇인지 고르세요.

① 홍범도 장군이 소련 공산당에 가입했던 사람이기 때문이다.
② 군사적 분야에 적합한 인물이 아니기 때문이다.
③ 정치 이념적 색채를 내세워 현 정권의 정당성을 유지하고 싶기 때문이다.
④ 흉상 위치가 적절하지 않기 때문이다.

3.

설명에 맞는 명칭을 찾아 선으로 이으세요.

① 지청천 장군과 이범석 장군의 한국광복군을 계승하였다.	㉠ 1920년대 한국군의 역사
② 이회영 선생이 건립한 신흥무관학교의 후신	㉡ 육군사관학교
③ 봉오동전투, 청산리대첩	㉢ 대한민국 국군

4.

독립군 및 광복군 영웅 흉상 이전을 반대하는 쪽에서 드는 이유는 무엇일까요?

_____ 때문입니다.

165

주제 : 홍범도가 걸어간 정의로운 장군의 길

    안녕하세요, 여러분. 역사학자 최다산입니다. 오늘은 소년 나팔수 병사 홍범도가 의병대의 선봉장이 되어 일본군에 맞서다가 봉오동전투와 청산리대첩을 승리로 이끈 독립군 장군이 되기까지 그의 길을 따라가 보겠습니다.

    홍범도는 열다섯 살 때 나팔수로 군인 생활을 시작했어요. 당시 군대에는 하급 병사들을 괴롭히고 군 물자를 빼돌리는 부정한 관리들이 많았대요. 그는 부패한 군관리를 혼내 준 뒤 군대에서 나왔대요. 홍범도는 종이 공장에서 노동자로 지냈는데, 그곳 공장 주인도 임금을 주지 않고 못살게 굴었다고 합니다. 홍범도는 종이 공장을 나와 산골로 숨어 들어갔어요.

    홍범도는 불공정한 세상이 싫어서 수도승이 되었는데요. 어느날 일본군이 조선 궁궐에 쳐들어와 왕비를 살해했다는 소식을 들었어요. 그는 나라를 구하기 위해 포수와 농민 중에서 의병을 모집했어요. 일본군을 습격해 총을 빼앗고 의병장 유인석 부대와 연합작전을 펼치며 싸웠어요. 일본이 우리 군대를 해산시키고 의병 *소탕 작전을 펼치자 독립운동가들은 해외로 나갔어요. 홍범도는 3·1 운동 이후 상해 임시정부에서 항일 무장 투쟁을 했지요. 독립군 총사령관에 임명된 홍범도는 1920년 봉오동전투에서 일본군을 무찔렀고, 김좌진, 이범석 장군과 함께 청산리*대첩을 승리로 이끌었어요.

    어린이 여러분, 홍범도는 어린 시절부터 힘없는 백성들과 외세의 압력에 시달리는 나라를 구하려고 용감히 맞서고 자기가 가진 온 힘을 불살랐습니다. 홍범도의 삶을 되새기며 이야기를 마치겠습니다.

1. 소년 홍범도가 군대에서 나온 이유를 고르세요.

① 군 관리들이 군수품을 빼돌리고 하급 병사들을 괴롭혔기 때문이다.
② 홍범도가 부패한 군 관리들과 잘 지냈기 때문이다.
③ 군 관리들이 홍범도를 싫어했기 때문이다.
④ 하급 병사들이 군대에서 난을 일으켰기 때문이다.

2. 오늘날 우리가 홍범도 장군을 영웅이라고 받드는 이유는 뭘까요?

홍범도 장군은 _____ 때문입니다.

3. 일본군이 조선 궁궐에 함부로 들어와서 조선 왕비를 살해한 사건을 고르세요.

① 을사늑약   ② 을미사변
③ 갑신정변   ④ 임오군란

4. 1919년 3.1운동 이후 해외에서도 만세 운동을 전개했으며, 상해임시정부에서 대일선전포고를 했지요. 이때 홍범도는 독립군 총사령관에 임명되어 연해주에서 항일 무장 투쟁을 전개했어요. 우리나라 독립 전쟁에서 빛나는 승리를 거둔 전투를 두 가지 고르세요.

① 봉오동전투   ② 청산리대첩
③ 살수대첩   ④ 한산도대첩

낱말 풀이

소탕 휩쓸어 죄다 없애버리다
대첩 크게 이기는 것

1908년 6월 16일

내 아들 양순이 죽었다

5월 7일 함남 장진 평풍바위 밑에서 *의병 연합 회의를 개최하였다. 1,800여 명의 의병을 11개 중대로 편제하였다. 6월 16일 정평 바배기전투에서 500명의 일본군과 교전하였다. 일본군 107명을 사상시켰고, 아들 양순과 의병 6명이 전사하였다. 8명이 중상, 15명이 경상을 입었다. 나는 전사자 7명을 묻고 돌아와 전투 일지 하단에 한 줄로 적었다.

'내 아들 양순이 죽었다. 6월 16일 12시였다.'

양순이 나를 찾아 산으로 들어왔을 때가 떠올랐다. 일본 경찰이 써 준 편지를 들고 아버지를 찾아온 양순을 향해 나는 총구를 겨눴다.

"우리 의병들은 목숨을 내놓고 싸우는데 너는 나를 회유하러 왔느냐. 당장 내려가거라."

양순 어마이가 경찰서에 끌려가 고문당하는 걸 본 양순이 얼마나 놀랐을까. 자식으로서 일본 경찰의 편지라도 들고 아바이를 찾아와서 애원하는 것이 인지상정이었다. 나는 그때 왜 좀 더 따스하게 내 아들을 품지 못했던가.

양순이 의병의 길을 따르겠다고 산으로 다시 들어왔을 때 돌아가라고 돌려보내지 못한 것도 아쉬웠다. 아직 살아야 할 날이 더 많은 어린 자식이었다. 나는 양순이 잡았던 소총을 손에 쥐었다. 총을 잡은 의병은 일본군을 죽여야 하고, 그 일은 언젠가 일본군의 총에 죽어야 끝난다. 내 아들 양순에게도 이런 날이 오리란 걸 어렴풋이 느끼고 있었다. 그럼에도 나는 양순을 돌려보내지 못했다.

일본 경찰에 잡혀 모진 고문을 당하다가 *옥사한 아내 생각이 났다. 아들을 지키지 못한 미안함에 사무쳐 두 눈에서 하염없이 눈물이 솟구쳤다.

1. 홍범도 아들 양순이 전사한 전투를 고르세요.

① 청산리대첩　　　　　　　② 봉오동전투
③ 바배기전투　　　　　　　④ 석대들전투

2. 전투에서 사망한 의병들을 묻고 돌아온 홍범도가 일기의 맨 처음에 쓴 문장은 무엇인가요?

----

3. 양순이 처음 의병 부대가 있는 산으로 찾아온 이유가 <u>아닌</u> 것을 고르세요.

① 아버지를 따라서 의병이 되기 위하여
② 아버지를 회유하기 위하여
③ 일본 경찰이 써 준 편지를 전하기 위하여
④ 일본 경찰서에서 고문받는 어머니를 살리기 위하여

4. 홍범도가 아내를 생각하며 하염없이 눈물이 솟구친 이유는 무엇인가요?

홍범도는 _____ 때문입니다.

낱말 풀이

의병 외적의 침입을 물리치기 위하여 백성들이 자발적으로 조직한 군대. 또는 그 군대의 병사
옥사 감옥살이를 하다 감옥에서 죽음

당신에게

　　오늘 밤은 캄캄한 동굴 속에 갇힌 것처럼 무섭습네다. 일진회 간부 임재덕과 김원홍이 저를 붙잡아 감옥에 가두고 손발을 묶은 뒤 고문했습네다. 고문관이 제 발가락 사이에 심지를 끼우고 불을 붙였는데 촛농이 발등에 뚝뚝 떨어질 때마다 신음했습네다. 저들은 당신이 있는 곳을 대라고 *협박하고 당신을 *회유하는 편지를 쓰라고 모질게 고문했습네다. 당신은 지금쯤 어느 산기슭에서 일본군과 친일 관리들에 맞서 투쟁하고 있을까요?

　　당신과 신계사에서 처음 만났던 순간이 떠오릅네다. 도적 떼보다 더한 도적들이 판을 치며 사는 세상과 등지고 부처님께 귀의하여 살던 때였지요. 구척 장신의 당신은 원래 호랑이를 잡는 포수였다고 들었지요. 그러나 당신은 저에게 봄 햇살처럼 따사로운 사람이었어요. 한겨울 제 손발에 동상이 들었을 때 금강산 포수한테서 구해 왔다며 꿩 골수와 토끼 골수로 언 손발을 치료해 줬어요. 저는 태어나서 처음으로 살아있음의 안도감을 느꼈어요. 그렇게 우리는 부부의 연을 맺었고 양순이와 용환이 두 아들을 얻었지요.

　　당신은 병든 나라와 백성을 구하기 위해 항일 의병에 나선 분입네다. 일본군이 쳐들어와 임금을 강제 퇴위시키고, 군대를 강제 해산시키고, 친일 내각이 불평등한 정미7조약을 맺어 나라를 빼앗긴 사건을 두고 어찌 가만히 당하고만 있겠습네까. 누군가는 의병이 되어 맞서 싸워야지요. 당신이 꿈꾸는 대한독립을 꼭 이루시길 바랍네다.

1908년 4월 어느 밤
당신의 아내 이옥구 올림.

1. 홍범도와 아내 이옥구가 신계사로 들어가 중이 된 이유는 무엇인지 고르세요.

① 도적 떼보다 더한 도적들이 판을 치며 사는 세상이 싫었기 때문이다.
② 절이 집보다 더 좋았기 때문이다.
③ 시끄러운 것을 싫어하기 때문이다.
④ 홍범도와 이옥구가 서로 만나려고 했기 때문이다.

2. '도적 떼보다 더한 도적들이 판을 치며 사는 세상'이라는 문장에서 도적들이 아닌 대상을 고르세요.

① 친일 관리
② 일본군
③ 탐관오리
④ 의병

3. 1907년에 정미의병이 일어난 이유는 무엇이었나요?

_____ 때문입니다.

4. 홍범도와 이옥구가 처음 만난 곳은 어디였나요?

- - - - - - - - - - - - - - - - - -

낱말 풀이

협박 겁을 주며 압력을 가하여 남에게 억지로 어떤 일을 하도록 함
회유 어루만지고 잘 달래어 시키는 일을 듣도록 함

오늘의 읽기

비밀 호소문

우리 의병으로 나섭시다!

- **제목:** 전 세계의 모든 곳, 모든 대한 국민들에게 보내는 호소문
- **날짜:** 1907년 9월
- **수신:** 서울 주재 각국 영사관
- **발신:** 13도창의군 관동창의대장 이인영
- **내용:** *천인공노할 일본군을 쳐부수고 조국의 독립을 회복합시다

동포들이여,
우리들은 단결하여 우리나라를 위해 몸 바쳐 조국의 독립을 회복합시다.
우리들은 잔인한 일본인들의 천인공노할 악행과 횡포를 전 세계에 호소합시다. 그들은 교활하고 또 잔인하며 진보와 인도의 적입니다.
우리들은 모든 일본인과 그 첩자 및 야만의 군대를 쳐부수기 위하여 최선을 다하여야 합니다.

- **역사 배경: 13도창의군과 서울 진공 작전**

1907년 7월 고종황제가 헤이그에서 개최하는 '만국평화회의'에 이준, 이상설, 이위종 *특사를 파견하여 일본의 강제 외교권 침탈을 세계에 알리고자 했어요. 일제는 이 사건을 구실로 삼아 고종황제를 강제 퇴위시켰어요. 이에 반발한 병사들은 일본군과 총격전을 벌였어요. 일본 통감 이토 히로부미와 이완용 내각은 정미7조약을 체결하여 대한제국의 행정과 사법권을 빼앗고, 군대를 해산시켰어요.
박승환 참령이 자결하자 군사들이 일본군과 총격전을 벌이며 저항했으나 모두 해산되었어요. 진위대 병력 중 일부는 의병에 가담했어요. 전국각지에서 범국민적인 항일 무장 투쟁이 벌어졌어요. 각지의 의병 부대가 연합하여 '서울 진공 작전'을 계획했으며 '13도창의군'을 편성했어요.

오늘의 문제 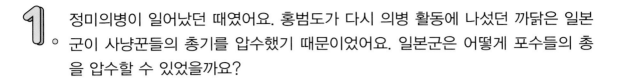 **5일** ○ 월 ○ 일

1. 정미의병이 일어났던 때였어요. 홍범도가 다시 의병 활동에 나섰던 까닭은 일본군이 사냥꾼들의 총기를 압수했기 때문이었어요. 일본군은 어떻게 포수들의 총을 압수할 수 있었을까요?

---

2. 고종 황제가 헤이그에서 개최하는 '만국평화회의'에 특사를 파견한 이유는 무엇일까요?

> 세계에 _____ 때문입니다.

3. 만국평화회의에 특사로 파견되지 <u>않은</u> 인물을 고르세요.

① 이준   ② 이위종   ③ 이상설   ④ 이완용

4. 정미의병 때 양반과 평민, 군인 모두 연합하여 일본에게 빼앗긴 우리나라 통치권을 되찾기 위하여 총력전을 펼쳤습니다. 그때 편성된 연합부대와 작전 이름을 고르세요.

① 13도창의군   ② 서울 진공 작전
③ 인천상륙작전   ④ 대한광복군

낱말 풀이

천인공노 하늘과 사람이 함께 노한다는 뜻으로, 누구나 분노할 만큼 증오스럽거나 도저히 용납할 수 없음을 이르는 말
특사 특별한 임무를 띠고 파견하는 사절

〈날으는 홍범도 장군〉

3.1운동과 대한민국임시정부 수립 105주년을 맞아, 위대한 독립운동가 홍범도 장군의 삶이 연극으로 펼쳐집니다. 빼앗긴 조국을 되찾고 일제로부터 독립하고자 의지를 불태웠던 홍범도는 연극 무대에서 *살아생전의 모습 그대로 다시 태어났습니다. 이번 연극에서 인간 홍범도와 그의 삶을 진하게 만나는 시간이 되길 바랍니다.

1. 1942년 고려극장에서 올랐던 〈의병들〉, 현대의 무대에서 재현되다!

〈날으는 홍범도 장군〉은 고려극장 극작가인 태장춘의 원작인 〈의병들〉을 개정 및 각색한 작품입니다. 막이 오르면 고려극장에서 수위로 일하던 일흔의 노인 홍범도가 젊은 작가에게 자기 삶을 이야기하는 장면으로 시작합니다. 조국의 독립을 위해 자기의 삶을 다 바쳤는데도 한사코 "나를 추켜세우지 마시오."라고 이야기하는 그의 모습을 마주하면 가슴속 깊은 곳이 뭉클해지는 감동이 전해져 올 것입니다.

2. 함께 부르자! '날으는 홍범도가'

〈날으는 홍범도 장군〉의 연극 말미에는 조국 광복을 위해 헌신한 홍범도 장군의 용맹함을 담은 노래 '날으는 홍범도가'가 펼쳐집니다. 노래를 같이 따라 부르며 홍범도의 삶을 기리고 고마운 마음을 한껏 담아 보세요.

1절 홍대장이 가는 길에는 일월이 명랑한데, 왜적군대 가는 길에는 비가 내린다
2절 오인발 탄환에는 *군물이 돌고 화승대 구심에는 *내군이 돈다
3절 괘택이 원성택 중대장님은 산고개 싸움에서 승리하였소
4절 홍범도 장군님은 동산리에서 왜적수사대 열한 놈 몰살시켰소
5절 도상리 김치갱 김도감님은 군량도감으로 당선됐다네
6절 왜적놈이 게다짝을 물에 버리고 동래 부산 넘어 가는 날은 언제나 될까

후렴. 에헹야 에헹야 에헹야 에헹야 왜적군대가 막 쓰러진다

1. 이 광고는 무엇을 안내하고 알리기 위한 글일까요?

① 홍범도 흉상
② 항일 의병들
③ 대한민국임시정부 수립 105주년
④ 홍범도의 삶을 그린 연극

2. 광고에서 알려 주고 있지 <u>않은</u> 것을 고르세요.

① 연극에서 '날으는 홍범도가'를 부르는 장면이 있다.
② 〈날으는 홍범도 장군〉은 〈의병들〉을 각색한 작품이다.
③ 홍범도는 자기의 삶을 그린 연극에서 자기가 돋보이기를 바란다고 말했다.
④ 〈의병들〉은 고려극장에서 초연된 작품이다.

3. '홍범도가' 가사를 보고 빈칸에 알맞은 말을 [보기]에서 찾아 쓰세요.

> 보기   산고개 부산 들고개 평양

> • 괘택이 원성택 중대장님은 _____ 싸움에서 승리하였소.
>
> • 왜적놈이 게다짝을 물에 버리고 동래 _____ 넘어 가는 날은 언제나
>   될까.

4. 〈날으는 홍범도 장군〉의 원작인 〈의병들〉 극본을 쓴 인물은 누구일까요?

_____

> **낱말 풀이**
>
> 살아생전 이 세상에 살아 있는 동안
> 군물 총을 쏘고 난 후 생긴 찌꺼기물
> 내굴 화약 냄새

175

국립대전현충원에 다녀왔어요

학습자	○○초등학교 ○학년 ○반 ○○○
학습 주제	국립대전현충원에 가서 독립유공자 묘역을 돌아본다.
학습 장소	국립대전현충원
학습 기간	○○월 ○○일 ~ ○○월 ○○일
학습 내용	국립대전현충원은 국가와 사회를 위해 희생한 분들의 공로를 기리고 본받고자 세운 곳이다. 현충원에 들어가면 한옥 기와 모양의 커다란 문이 보이는데, 위에 현충문이라고 적혀 있다. 현충문을 지나 바로 보이는 현충탑에서 참배했다. 참배는 순국선열과 호국 영령들의 충의와 위훈을 기리기 위해 현충탑 또는 묘비 앞에서 추모의 뜻을 나타내고 감사하는 마음을 표현하는 것이라고 한다. 여기서 참배하는 것은 현충원에 모셔진 모든 순국선열을 기리는 의미가 있다고 한다. 넓게 펼쳐진 현충원 묘역은 경찰관과 장병 묘역, 대통령 묘역, 애국지사 묘역, 독립유공자 묘역 등으로 구역이 나뉘어 있었다. 홍범도 장군의 묘역은 독립유공자 3묘역-917에 있었다. 2021년 8월 18일 중앙아시아 카자흐스탄에 있던 홍범도 장군의 *유해를 이곳 국립대전현충원으로 옮겨 와 안장했다고 한다. 홍범도 장군은 고려인의 영웅이었기에 유해 *봉환이 쉽지 않았지만, 여러 노력 끝에 우리나라의 품으로 돌아와 국립대전현충원에 안장될 수 있었다.
느낀 점	나라를 지키기 위해 자기 목숨을 내던진 분들의 공을 조금이나마 되새겨 볼 수 있었고, 무엇보다 홍범도 장군의 묘역에 직접 가서 참배하게 되어 무척 뜻깊었다.
더 알아보고 싶은 것	홍범도 장군의 항일 무장 독립운동 자료들이 천안독립기념관에 있다고 한다. 홍범도 장군에 대해 더 자세히 알아보고 싶다.

1. 홍범도 장군의 유해가 안장되어 있는 곳은 어디인가요?

- -

2. 다음 설명 중 옳은 것을 고르세요.

① 국립대전현충원은 돌아가신 조상들의 넋을 기리고 제사를 지내는 곳이다.

② 현충탑에서 참배하는 것은 돌아가신 역대 대통령을 기리는 의미를 지닌다.

③ 홍범도 장군의 유해는 2023년 8월 15일에 국립대전현충원으로 옮겨 안장했다.

④ 홍범도 장군은 고려인의 영웅이다.

3. 홍범도 장군의 항일 무장 독립운동 자료들을 찾아볼 수 있는 곳을 <u>모두</u> 고르세요.

① 홍범도기념사업회   ② 천안독립기념관

③ 식민지역사박물관   ④ 공훈전자사료관

4. 빈칸에 알맞은 말을 [보기]에서 찾아 쓰세요.

보기	현충문 추모 향로 행복 묘비 슬픔

참배는 순국선열과 호국영령들의 충의와 위훈을 기리기 위해 현충탑 또는

_____ 앞에서 _____의 뜻을 나타내고 감사하는 마음

을 표현하는 것이다.

낱말 풀이

유해 시신을 태우고 남은 뼈, 무덤에서 나온 뼈

봉환 받들어 모시고 돌아옴

홍범도

한국사 독해 워크북 정답

1일 ❶ ③ ❷ ①, ② ❸ ①-ⓒ, ②-ⓛ, ③-⊙ ❹ 현 정부가 정치적 이념을 앞세워 헌법의 자유민주적 기본 질서를 어지럽힌 사건이기

2일 ❶ ① ❷ 대한독립을 위해 앞장서서 일본군과 싸웠기 ❸ ② ❹ ①, ②

3일 ❶ ③ ❷ 내 아들 양순이 죽었다. 6월 16일 12시였다. ❸ ① ❹ 일본 경찰에게 끌려가 옥사한 아내를 지켜 주지 못했기

4일 ❶ ① ❷ ④ ❸ 일본군이 쳐들어와 우리나라 임금을 강제 퇴위시키고, 군대를 강제 해산시켰기 ❹ 금강산 신계사

5일 ❶ 일본군이 우리 군대를 해산시키고 군사권을 가져갔기 ❷ 을사늑약을 맺게 한 일본의 만행을 세계에 알리려고 했기 ❸ ④ ❹ ①, ②

6일 ❶ ④ ❷ ③ ❸ 산고개, 부산 ❹ 태장춘

7일 ❶ 대전국립현충원 ❷ ④ ❸ ①, ②, ③, ④ ❹ 묘비, 추모

who? 한국사

초등 역사 공부의 첫 단추! '인물'을 알아야 시대가 보인다

● 선사·삼국 ● 남북국 ● 고려 ● 조선 ● 근대

※ who? 한국사(전 47권) | 대상 초등학교 전 학년 | 책 크기 188×255 | 각 권 페이지 190쪽 내외

who? 인물 중국사

인물로 배우는 최고의 역사 이야기

※ who? 인물 중국사(전 30권) | 대상 초등학교 전 학년 | 책 크기 188×255 | 각 권 페이지 190쪽 내외

who? 아티스트

최고의 명작을 탄생시킨 아티스트들을 만나다

● 문화·예술·언론·스포츠

※ who? 아티스트(전 40권) | 대상 초등학교 전 학년 | 책 크기 188×255 | 각 권 페이지 190쪽 내외

who? 인물 사이언스

기술로 세상을 발전시킨 과학자들의 이야기

※ who? 인물 사이언스 (전 40권) | 대상 초등학교 전 학년 | 책 크기 188×255 | 각 권 페이지 180쪽 내외

who? 세계 인물

만화로 만나는 세상을 바꾼 위대한 인물들의 이야기

● 정치　● 경제　● 인문　● 사상

※ who? 세계 인물 (전 40권) | 대상 초등학교 전 학년 | 책 크기 188×255 | 각 권 페이지 180쪽 내외

who? 스페셜・K-pop

아이들이 가장 만나고 싶고, 닮고 싶은 현대 인물 이야기

※ who? 스페셜・K-pop | 대상 초등학교 전 학년 | 책 크기 188×255 | 각 권 페이지 190쪽 내외